Laura E. Williams
Frei wie der Wind

Laura E. Williams, begeisterte Reiterin, hat schon in vielen Teilen der Welt geritten, u. a. in den Rocky Mountains und an den Stränden von Hawaii. Sie lebt mit ihrer Familie in Avon, Ohio.

Laura E. Williams

Frei wie der Wind

Deutsch von Ilse Strasmann

Klopp · Hamburg

Ich widme dieses Buch meinen wunderbaren Tanten
und Onkeln in Vergangenheit und Gegenwart –

Marguerite Williams
Bob und Margaret Spurrier
Gayle und Brent Welling

Die Originalausgabe erschien unter dem Titel
»The Ghost Stallion«
Deutsch von Ilse Strasmann
Einband von Hauke Kock
Satz: Clausen & Bosse, Leck
Druck und Bindung: GGP Media GmbH
Printed in Germany 2000

ISBN 3-7817-2301-1

Als Sunny gestorben war, legte ihr Pa das eine Ende einer dicken rostigen Kette um den Hals. Das andere Ende hängte er hinten an seinem Traktor ein und schleifte sie aus dem Stall.

Onkel Leroy wollte das Fell haben. »Gäb 'nen prima Sitzbezug für meinen Laster«, sagte er und ließ den Zahnstocher gekonnt von einem Mundwinkel in den anderen wandern.

Meine fünfjährige Schwester fing an zu heulen. »Du kannst doch meinem Pony nicht die Haut abziehen«, weinte Nellie und die Tränen hinterließen Streifen auf ihren staubigen Wangen. »Wir müssen sie mit der Haut begraben!«

»Sie ist kein Pony«, knurrte Onkel Leroy. »Sie ist ein Pferd. Und sie gehört nicht dir, sondern deinem Pappy. Und er begräbt sie nicht, er verkauft sie an die Hühnerfutterfabrik.«

Nellie weinte noch heftiger. Sie schrie, um den Lärm des Traktors zu übertönen.

»Schhh«, sagte ich und legte ihr die Hand auf das blonde Haar, wie Ma es immer getan hatte. »Schhh.«

Ich wünschte mir so sehr, dass ich auch blonde Haare hätte. Wie Pa und Ma. Aber meine Haare sind schwarz wie der Schlamm am Boden von Trumans Tränke. Vielleicht schwärzer.

Manchmal merkte ich, wie Pa darauf starrte, als fragte er sich, wo sie hergekommen waren. Ich sehe wahrhaftig nicht aus wie er und seine Familie.

»Du häutest Sunny nicht, nein, Pa?«, weinte Nellie, als Pa den Motor abstellte.

Er sprang von dem hohen Sitz herunter, nahm sie in die Arme und schwenkte sie herum, bis ihre Tränen getrocknet waren. »Also wer redet denn hier von Hühnerfutter?«, fragte Pa. Er drehte sich mit ihr, während er sprach, deshalb hörte ich nur »Also … redet … hier … Hühner …« Aber ich wusste, was er gesagt hatte, denn ich bin gut im Rauskriegen von solchen Sachen.

Onkel Leroy spuckte seinen Zahnstocher aus und bohrte ihn mit der Stiefelspitze in den Boden wie einen glimmenden Zigarettenstummel. Krumm wie immer schlurfte er davon und brummte dabei etwas in seinen Bart.

Ich schaute auf Sunny, die auf der Seite lag. Fliegen summten ihr um Augen und Maul. Aber Sunny war tot und die Fliegen störten sie nicht mehr.

»Mädchen, hast du dem kleinen Goldstück was von einer Hühnerfutterfabrik eingeredet?«, fragte mich Pa.

»Nein – das war Onkel Leroy.« Es tat mir weh, dass er

mich wieder *Mädchen* nannte und Nellie das *kleine Goldstück*. Allerdings *war* sie wirklich klein und sie *war* wirklich ein Goldstück. Meistens. Alle sagten das.

Pa starrte mich wütend an. Er sah aus, als ob er noch mehr sagen wollte, aber Nellie schlang ihm die Arme um den Hals und bettelte, er sollte sie ins Haus tragen zu Tantchens Klößen mit Soße. Er vergaß mich und trug sie den Weg vom Stall zum Haus. Dabei neigte er den Kopf um zu hören, was sie sagte, und dann lachten und kicherten sie miteinander.

Nellie sieht mit ihrem hübschen kleinen Gesicht und den schmalen Schultern aus wie Ma, aber im Übrigen schlägt sie nach Pas Familie. Sie lachen sogar gleich.

Pa trug sie die abgetretenen Stufen zum Hintereingang hoch und durch die Fliegentür, die hinter ihnen ins Schloss fiel. Rosen kletterten bis über die Tür wie ein Springbrunnen aus Blüten. Wie jeden Sommer. Ma hatte sie gesetzt, als sie neu hergekommen war.

Die Sonne war nur noch ein orangefarbener Fleck am Horizont. Wie auf einem von Mas Aquarellen, die Pa oben auf dem Speicher aufbewahrte. Ich hockte mich neben Sunny und wedelte mit der Hand, um die Fliegen zu verscheuchen. Aber es waren zu viele und sie waren hartnäckig und kümmerten sich nicht um mich. Ich strich Sunny trotzdem über die Backe, wie ich es immer getan hatte, wenn sie an meiner Hand geschnuppert hatte, weil sie einen Apfel haben wollte. Ihr

Hals war komisch gestreckt, weil sie aus dem Stall geschleift worden war. Nach dem Abendessen würde Pa weitermachen; er würde sie auf den Lkw laden und zu Mr Semple fahren. Ich wusste nicht, was Mr Semple mit toten Pferden machte, aber fragen mochte ich auch nicht. Vielleicht verkaufte er sie wirklich an die Leute, die Hühnerfutter herstellen, oder an die Kleisterfabrik. Nach manchen Sachen, fand ich, fragte man besser nicht.

»Tschüs, Sunny«, flüsterte ich. »Ich bin sehr gern auf dir geritten.«

Vor zehn Jahren hatte ich angefangen auf Sunny zu reiten. Da war ich gerade drei Jahre alt. Sie war ein recht kleines Quarter Horse gewesen, nur 143 Zentimeter hoch. Für Mr Semples Rennstall war sie nie schnell genug gelaufen. Aber sie war ein gutes Zuchtpferd gewesen und hatte hübsche Fohlen zur Welt gebracht. Ihre Söhne Alonso und Mighty Comfort holten viele Siege für Mr Semple. Dass Sunny nie Prämien oder Trophäen gewonnen hatte, war mir egal. Auf ihr hatte ich reiten gelernt. Und herunterfallen auch.

Ich hätte gern geweint, wünschte mir Tränen, wie sie Nellie dauernd in die Augen stiegen. Ich wollte meine Tränen auf Sunny fallen lassen, damit sie wüsste, wie sehr ich sie liebte, damit sie wüsste, wie traurig ich war, dass sie fortgegangen war. Ich wollte so schrecklich gern weinen, ich kniff mich sogar tüchtig in den Arm. Aber es gab keine Tränen in mir.

Nach einer Weile riss mich der Geruch von Tantchens Soße aus meinen Gedanken. Ich klopfte Sunny ein letztes Mal den Hals und ging dann zum Haus.

Wir wohnten in einem grauen Bauernhaus, von dem überall die Farbe abblätterte. Es war schmal, mit kleinen Fenstern und einer Hintertür, durch die nur ein Mensch auf einmal gehen konnte. Die Vordertür benutzten wir nur, um einen Zaum oder eine Jacke über den angelaufenen Türknauf zu hängen.

Bevor ich zum Haus ging, wanderte mein Blick über die Wiesen. Im Abendlicht leuchteten sie blauviolett und die sanfte Brise, die immer mit Einbruch der Nacht aufkam, fuhr über sie hinweg, sodass das Gras sich wellte wie das Meer. Zwar hatte ich das Meer nie gesehen, aber ich hatte viel darüber gelesen in den Büchern, die Ma aus der Stadt mitgebracht hatte. Sie hatte mehr Bücher gehabt als Miss Whipple in der Schule.

Hinter dem Meer von Gras begann die öde Beifußsteppe, die sich bis zum Kamm der fernen Berge hinaufzog. Ma hatte sie den toten Ort genannt; wir hatten manchmal verendetes Vieh dort gefunden, mit eingesunkenen Flanken, die Knochen deutlich abgezeichnet.

Ich kniff die Augen zusammen. Nicht, dass ich Hoffnung hatte, den Geisterhengst zu sehen, aber ich hielt trotzdem Ausschau. Natürlich war er nicht wirklich ein Geist – er bestand aus Fleisch und Blut, das so wild durch seine Adern rann, dass niemand ihn zu fangen und zuzureiten versuchte wie andere Mustangs. Ich wollte ihn nicht zähmen, ich wollte ihn nur sehen, in der Ferne, wild und frei.

Ich sah nichts, wie gewöhnlich.

Mit einem Seufzer wandte ich mich dem Ziegelweg zu; die unebenen Steine verschoben sich unter meinen Füßen. Ma hatte sich die Ziegel gewünscht. Das sähe sauber aus, hatte sie gesagt. Pa meinte, das wäre Geldverschwendung, aber er hatte jeden Ziegel selbst verlegt. Anfangs lagen sie glatt und gleichmäßig, aber dann hatte die Zeit das Unkraut wuchern und die Ecken bröckeln lassen. Pa ging nicht einmal mehr über die Ziegel. Er hatte daneben einen Trampelpfad ins Gras getreten. In den vergangenen neun Monaten, seit Ma fort war, hatte er auch davon gesprochen die Ziegel herauszunehmen, aber er war noch nicht dazu gekommen. Ich war froh darüber. Ich mochte den Weg. Er erinnerte mich an Ma.

Ich ging ins Haus und zog an der Tür meine Stiefel aus. Pa und Onkel Leroy aßen neben dem Radio im Wohnzimmer und Nellie, Tantchen und ich hatten unsere Plätze am Holztisch in der Küche. Tantchen deckte den Tisch immer mit einem richtigen leinenen Tischtuch und mit Silberbesteck, das aber schwarz angelaufen war. Manchmal pflückte sie auch Wiesenblumen und stellte sie in einem Marmeladenglas in die Mitte, aber sie konnte das mit der Dekoration nicht so gut wie Ma. Ma hätte das hässlichste Unkraut nehmen können, das du je gesehen hast, und daraus einen Kranz geflochten, den du stolz in die Kirche getragen hättest.

»Na, da bist du ja«, sagte Tantchen, stemmte sich von dem wackligen Stuhl hoch und watschelte zum Herd, um mir einen Teller zu füllen. »Erst waschen«, erinnerte sie mich, bevor ich mich setzen konnte.

Ich schrubbte mir Hände und Gesicht am Küchenausguss. Das Wasser war kalt. Wir pumpten es von Hand in die große Zisterne, von da floss es hinab ins Haus.

»Erst waschen, ob es nötig ist oder nicht«, war Tantchens Devise. Selbst Pa und Onkel Leroy beugten sich dem Gesetz. Diesem und dem anderen, immer die Tür vom Außenklo zu schließen, damit keine Tiere hineinliefen und ins Loch fielen. Niemand mochte sie dort herausholen.

Ich setzte mich an den Tisch und Tantchen prüfte meine Hände. Sie waren sauber, sahen aus wie neue Knospen an zwei braunen Zweigen. Ich hatte mir die Hände gewaschen, aber nur bis zu den Gelenken. Es brachte niemandem etwas, auch noch saubere Arme zu haben.

Ich warf einen Blick auf Nellie. Sie war immer

rundum sauber. Selbst ihre eingestaubten, tränenstreifigen Wangen glänzten jetzt rosa. Und ihre Arme waren sauber bis zu den kurzen Ärmeln ihrer Bluse. Jemand hatte ihr das blonde Haar gebürstet und es sah seidig und flaumig zugleich aus. Wie ein Engel. Pas kleines Goldstück. Aber ich konnte sie deswegen nicht hassen. Es war nicht ihre Schuld, dass ich schwarze Haare hatte.

Ich stürzte mich auf mein Essen. Obwohl ich als Letzte angefangen hatte, würde ich als Erste fertig sein, das wusste ich. Nellie war zu langsam und sorgfältig; sie schnitt und kaute jeden Bissen, als sei er etwas Besonderes. Manchmal dauerte das den ganzen Abend. Tantchen brauchte viel Zeit, weil sie sich den Teller immer dreimal voll lud. Pa und Onkel Leroy spülten jeden Bissen mit einem Schluck Bier herunter, während sie besprachen, was am nächsten Tag zu geschehen hatte, deshalb brauchten sie auch länger.

»Mach langsam«, sagte Tantchen. »So isst keine Dame.« Das hatte Ma ständig zu mir gesagt und ich hatte wirklich versucht, es ihr recht zu machen. Ich wollte eine Dame werden, genau wie Ma, richtig sprechen und nach Rosen duften.

Jetzt, wo Ma fort war, hatte Tantchen Mas Rolle übernommen: »Mach langsam. Sprich leiser. Zeig deine Zähne nicht, wenn du lächelst – du siehst aus wie ein Pferd.« Aber wenn Tantchen das sagte, war es nicht dasselbe. Es ist schwer, höflich zu bleiben, wenn diejenige, die dir etwas sagt, dreimal so dick ist, wie sie sein sollte, und Kleider trägt, die zwei Nummern zu klein sind und die mit offenem Mund kaut, weil sie durch die Nase nicht genug Luft bekommt. Aber ihre Serviette benutzte Tantchen wie eine Dame. Das hatte Ma ihr beigebracht.

»Mmph«, machte sie, ließ die Gabel fallen und fasste sich an den Ellbogen. Ihr Gesicht verzog sich vor Schmerzen und sie schüttelte den Kopf. »Unwetter kommt auf.«

»Tut es nicht«, sagte Nellie zwischen zwei winzigen Bissen. »Daddy hat im Almanach gelesen, dass es noch mindestens eine Woche trocken bleibt.«

»Glaub du an deinen Almanach«, sagte Tantchen und wandte sich wieder dem Teller zu. Immer wieder rieb sie ihren Ellbogen. »Ich vertraue meinen schmerzenden Knochen. Die sagen mir, dass ein schweres Unwetter aufkommt. Das tut so weh, dass ich glaub, ich muss mich hinlegen.«

Das Komische bei Tantchen war, ihre Vorhersagen stimmten nie. Jedenfalls nicht, was das Wetter anging. Sie konnte weder Regen noch Schnee voraussagen, nicht mal Sonne an einem sonnigen Morgen. Aber darum ging es auch nicht. Einmal, als ihre Knochen so wehtaten, dass sie sich hinlegen musste, hatte der Geisterhengst fünf von Pas Stuten gestohlen. Ein andermal sagte uns Pa, Ma wäre gestorben.

Nach dem Essen begann Tantchen abzuwaschen. Onkel Leroy stand neben ihr und trocknete Teller, Gläser und Bestecke, die sie ihm reichte. Hin und wieder streiften sie sich mit den Armen und schienen sie aneinander zu drücken, als machte ihnen die flüchtige Berührung Spaß. Manchmal saßen sie auf dem durchgesessenen Sofa neben dem Radio und hielten Händchen. Und wenn Onkel Leroy einen Wutanfall bekam, strich ihm Tantchen sanft über den Rücken, bis alles Böse ihn verlassen hatte. Nur sie konnte ihn beruhigen.

Ma hatte mir auch immer über den Rücken gestrichen. Und die Kletten aus meinen Haaren gebürstet. Ich hatte es gern gehabt, wenn sie mich anfasste. Als ich sah, wie sich Tantchen und Onkel Leroy berührten, verspürte ich einen so heftigen Stich in meinem Herzen, dass ich nicht wusste, was ich dagegen tun sollte.

Ich ging nach draußen, um nicht zu stören. Nellie hockte vor dem Radio und hörte sich eine Sendung mit viel Gelächter an.

Draußen sah ich, dass Pa Vorbereitungen traf, Sunny

abzutransportieren. Einen Augenblick stand er still da, die Hände in den Taschen seiner Jeans. Die ausgefransten abgeschnittenen Ärmel seines Hemdes flatterten an seinen Armen, die drahtig hart und von der Sonne braun wie Lehm waren. Er stand breitbeinig da und seine Beine waren ein bisschen gebogen, wie meine. Fluch des Sattels nannte er das.

Er sah auf das tote Pferd hinunter, als ob er betete oder so was. Aber soviel ich wusste, betete Pa nie. Dann schnaubte er, spuckte an den Zaun und traf die Querlatte genau in der Mitte.

Ich habe Pa nie weinen sehen, auch nicht nach dem, was Ma getan hat. Nur manchmal klang seine Stimme, als ob er auf einer Hand voll Heu kaute, dann schnaubte und spuckte er viel. Er hatte aber nie meinetwegen geschnaubt. Nicht einmal, als ich von Sunny heruntergefallen war und mir den Arm gebrochen hatte.

Ich wollte gerade hingehen und Pa helfen, als Onkel Leroy aus dem Haus kam. Ich zog mich zurück. Manchmal konnten Pa und ich mit den Pferden arbeiten ohne zu reden, als wüssten wir schon, was der andere dachte. Aber wenn Onkel Leroy dabei war, begann die Luft zu knistern und Pa und ich knurrten uns an.

Ich wandte mich ab und erledigte meine abendlichen Aufgaben, prüfte die Wassertröge, warf den Pferden Heu vor und füllte die Haferwanne. Ich stellte den Katzen Milch hin und mühte mich mit den Schafen ab, die sich am Stall drängten. Als ich fertig war, lag Sunny auf dem Laster und Onkel Leroy war abgefahren. Pa stand draußen auf der Mittelweide; er stand ganz still und sah auf die Berge, wie jeden Abend. Ich überlegte, ob er wohl auch nach dem Geisterhengst Ausschau hielt.

Gewehrschüsse weckten mich am nächsten Morgen. Wir hörten nicht oft Schüsse, außer wenn Pa ein lahmendes Pferd erschießen musste oder einen Dachs jagte. Der Ton hallte bis zu den fernen Bergen und kehrte dann zurück, als wollte er nicht fort.

Vom Bett aus konnte ich den Stall sehen, die hinteren Pferche und die anschließenden Wiesen. Das Morgenlicht ließ alles grau aussehen. Und da stand Pa wie ein Gespenst im Nebel, fuchtelte mit seiner Büchse in der Luft herum und stampfte auf den Boden.

Ich sah gleich, dass eins der hinteren Gatter kaputt war und dass die Zuchtstuten weg waren.

»Der Geisterhengst«, flüsterte ich und wünschte, ich hätte ihn gesehen.

In Windeseile zog ich mir Jeans und Stiefel an schlüpfte in ein T-Shirt und ein dickes Flanellhemd. Es war ein altes Hemd von Pa, aber da ich so groß war und breite Schultern wie ein Junge hatte, passte es mir. Ich rannte aus dem Haus und kam atemlos bei Pa an.

»Das war er, Pa, ja?«

»Ich bring diesen Satan um!«

»Nein, Pa, nicht! Es gibt viele Leute, die Wildpferde schützen. Die wollen nicht, dass du eins tötest.« Ich brauchte ihm nicht zu sagen, dass ich zu diesen Leuten gehörte. Er wusste es. Abgesehen davon hatte ich sowieso keinen Einfluss auf ihn.

»Geben mir diese Heiligen vielleicht die Stuten und Fohlen zurück, die ich verloren habe? Die krieg ich nur, wenn ich mich selbst darum kümmere.« Er drehte sich um und wollte zum Haus zurückmarschieren.

Ich packte den Ärmel seiner abgetragenen Arbeitsjacke. »Du wirst ihn doch nicht wirklich töten, Pa, nein?«

Er schüttelte mich ab. »Warum nicht? Es ist nicht in Ordnung, dass er mich bestiehlt und ich nichts dagegen tun kann, oder? Was soll ich denn machen?« Vielleicht hätte er noch mehr gesagt, aber ein Lastwagen kam unsere Auffahrt herauf.

Ich kannte den Laster. Klar, schließlich hatten wir nicht viele Nachbarn. Es war ein nagelneuer Ford. Rot, mit glänzenden Felgen. Nur Mr Semple konnte sich so einen Lkw leisten.

Er kam mit einem Ruck zum Stehen und Mr Semple sprang aus dem Fahrerhaus. Sein Gesicht war mager, die Haut straff über den Schädel gezogen wie die Haut bei den verendeten Rindern, die wir am toten Ort gefunden hatten. Hinter seinem Rücken nannten wir Mr Semple den Knochen.

»Verdammtes Satanspferd«, fluchte er. Er nahm den

Hut ab und schlug sich damit gegen das knochige Bein. »Verdammter Geisterhengst! Ich werde ihn umbringen, diesen Hu…« Dann sah er mich und verstummte. Seine Lippen bewegten sich zwar weiter, aber es kam kein Ton mehr heraus. »Das vermaledeite Pferd hat sechs meiner besten Stuten geholt. Sechs!«

Pa nickte energisch. »Hier waren es vier. Von der Nordwiese.«

»Eine von meinen dabei?«, fragte Mr Semple sofort.

Pa schüttelte den Kopf, seine Schultern sanken herab. Er züchtete und trainierte überwiegend Pferde für Mr Semple, aber ein paar eigene versuchte er auch auszubilden, damit er eines Tages nicht mehr für jemand anderen arbeiten musste. Wenn der Geisterhengst ihm aber weiterhin Tiere stahl, würde nie etwas daraus werden.

»Die Stuten, die er im letzten Winter geholt hat, hab ich zurückbekommen«, sagte Mr Semple und unterbrach meine Gedanken. »Aber ihn hab ich nicht gekriegt. Dieser Hengst macht sich über uns lustig!«

Pa seufzte. »Er hat Holzzaun und Draht eingerissen, als ob sie gar nicht da wären.«

Ich zuckte zusammen. Der Draht war ein Elektrozaun. Er war zwar glatt wie eine Angelschnur und kein Stacheldraht, wie ihn die Rinderzüchter für ihre Weiden benutzen, aber er konnte tief schneiden wie ein Messer.

Ich erinnerte mich noch an das letzte Mal, als der Geisterhengst zu Besuch gekommen war. Eine der Stuten, die Pa für Mr Semple trainiert hatte, war im Draht hängen geblieben. Er hatte ihr glatt durch das Fesselgelenk geschnitten. Die Stute war verblutet, bevor wir etwas für sie hatten tun können. Pa und Mr Semple hatten dem Geisterhengst die Schuld dafür gegeben. Ich nicht.

»Ich setze eine Belohnung aus«, sagte Mr Semple zu Pa. »Hundert Dollar, wenn ihr ihn tötet.«

»Sie dürfen ihn nicht töten!«, platzte ich heraus.

»Er ist ein Dieb«, fauchte Mr Semple, bevor mir Pa den Mund verbieten konnte. »Stehlen ist gegen das Gesetz, ja? Und Gesetzesbrecher kommen ins Gefängnis, ja?«

Ich nickte. Ich wusste, er wollte mich hereinlegen.

»Gefängnisse für Pferde gibt es nicht, also müssen wir ihn töten.« Er sagte das, als gebe es darüber weiter nichts zu sagen.

»Aber es ist nicht richtig, Pferde zu töten, auch wenn sie wild sind«, behauptete ich. Ich sah Pas Hand nicht, bis sie meinen Kopf seitlich traf.

»Geh sofort ins Haus«, knurrte er.

Mit Pa zu streiten, wenn er allein war, war schlimm genug. Es würde nicht besser werden, wenn ich den Mund in Gegenwart eines Mannes wie Mr Semple aufmachte. Aber ich konnte nicht anders, ich musste leise sagen: »Was ist falsch daran, dass sie frei sein möchten?« Damit ging ich weg, so langsam ich konnte.

»Das Mädchen hat keinen Verstand«, sagte Pa und es klang, als täte es ihm Leid, dass er mich kannte.

Mr Semple schnaubte. »Sie ist noch ein Fohlen. Eines Tages kapiert sie das.«

Ich brauchte Pa nicht »Das bezweifle ich« sagen zu hören, um zu wissen, dass er es dachte.

Sie sprachen weiter und ihre Stimmen wurden zu einem fernen Murmeln. Ich war eben an der Hintertür angekommen, als Onkel Leroy auf seinem Pferd herandonnerte. Er musste draußen gewesen sein, um den Geisterhengst zu jagen. Ich lachte bei dem Gedanken, dass er glaubte, er hätte eine Chance.

Dann entdeckte ich noch einen Reiter. Dieser galoppierte nicht, er ritt im Schritt und er saß auf dem Pferd, als wäre er mit ihm verwachsen.

Ich setzte mich auf die Stufe und sah zu. Es kamen selten Fremde in unsere Gegend. Manchmal fuhren sie mit tollen Autos mit Pferdeanhängern dahinter auf den Hof und wollten gute Tiere für wenig Geld kaufen. Gewöhnlich gingen sie aber zu Mr Semple und kamen nicht bis zu uns. Ich hatte nie jemanden gesehen, der einfach auf einem Pferd kam und aussah, als sei es ihm egal, ob er anhielt oder weiterritt.

Der Fremde wirkte groß. Sogar auf dem Pferd sah man das. Vielleicht größer als Mr Semple, aber nicht so hager. Seinen schwarzen Hut hatte er tief in die Stirn gezogen, darunter kamen schwarze Haare hervor.

Der Himmel wurde heller und dunstige Schatten färbten sich gelb und orange. Nur der Fremde schien keine Farbe zu haben, bis auf das blasse Gesicht, das unter dem Hut leuchtete.

Pa, Onkel Leroy und Mr Semple sahen zu, wie der Fremde langsam auf sie zukam. Schließlich hielt Pa die Warterei nicht mehr aus und ging ihm entgegen; er schwang sein Gewehr vor, als wollte er den Mann erschießen. Ich wusste, dass Pa niemanden erwartete, ich hätte sonst davon gehört.

Onkel Leroy stieg vom Pferd. Er und Mr Semple schlossen sich Pa an und alle drei schauten auf den Fremden, der sie jedoch nicht ansah. Er blickte auf die Schaukel, die am Baum neben dem Haus hing. Ma hatte manchmal stundenlang dort gesessen und die Straße hinunter und auf die Berge gestarrt.

Ich schob mich auf dem Hintern die Stufen hinunter und schlich dann den Ziegelweg entlang, pirschte mich von Baum zu Baum. Dieser Fremde erinnerte mich an irgendwen.

»Es sind hundert Dollar Belohnung auf seinen Kopf ausgesetzt«, hörte ich Mr Semple sagen. »Wenn Sie die Zeit haben ... wir könnten Ihre Hilfe brauchen. Meine Männer sind zum Teil auf einer Auktion und die anderen kann ich jetzt nicht entbehren. Was meinen Sie?«

Die drei Männer warteten, dass der Fremde antwortete, aber er tat es nicht.

»Sind Sie interessiert?«, fragte Mr Semple, als könnte er die Stille nicht mehr ertragen.

»Vielleicht«, sagte der Fremde, so leise, dass ich ihn fast nicht hören konnte.

»Wir brechen gleich auf«, sagte Pa. »Ich denke, wir finden ihn in Smokys Canyon.«

»Haben Sie ihn früher schon da gesehen?«, fragte der Fremde.

»Nein«, sagte Pa, »aber das heißt nicht, dass ich es nicht jetzt tue.«

Der Fremde sagte nichts.

Mr Semple sagte schnell: »Bringt ihn um. Je toter, desto besser. Ich zahle hundert Dollar dafür.«

»Für jeden von uns?«, fragte der Fremde.

»Na, ähm, okay, ja, verdammt noch mal.« Er schlug sich wieder mit dem Hut gegen das Bein. Das machte er oft. »Ist es mir wert, wenn ich dafür das Satanspferd los bin. Hundert für jeden.« Er nickte nachdrücklich, wie um sich selbst zu überzeugen.

Ich verfluchte ihn leise. Tantchen würde einen Anfall bekommen, wenn sie mich gehört hätte. Damen fluchten nicht. Meine Mama war eine Dame, aber das hatte ihr auch nicht geholfen. Ich fluchte abermals, vorsichtig, dass mich niemand hörte.

Mr Semple schlug Pa auf die Schulter und lief dann

staksig zu seinem Laster zurück. »Hundert für jeden!«, rief er. »Bringt mir den Schweif dieses Schurken!«

Der Tau auf der unbefestigten Straße war bereits getrocknet und der Laster wirbelte eine Staubwolke auf.

Pa wedelte eine Fliege weg. Dann schaute er zu dem Fremden hoch. »Ich bin Jim. Und das hier ist Leroy, der Mann meiner Schwester.«

Der Fremde nickte; Pa und Onkel Leroy warteten darauf, dass er sich auch vorstellte.

»Na ja«, sagte Pa und räusperte sich, als der Fremde nichts sagte. »Gehen wir frühstücken und packen. Essen Sie was mit?«, fragte er. »Evelyn, meine Schwester, kocht uns was. Dann können wir los.«

Onkel Leroy schüttelte den Kopf. »Evie hat wieder Zustände. Sagt, sie würde heute nicht aufstehen, auf keinen Fall. Sagt, ein schweres Unwetter käme auf.«

D*er Fremde schob den Hut zurück, um nach dem* angekündigten Unwetter Ausschau zu halten. Er wusste ja nicht, dass Tantchens Stürme nichts mit dem Wetter zu tun hatten.

»Ich denke, ich geh mit«, sagte er schließlich. »Keine besondere Eile, wohin zu kommen.«

»Dieses Satanspferd hat genug gestohlen, mehr gibt es bei mir nicht«, sagte Pa. Er spie die Worte geradezu aus. »Mr Semple will den Schweif und ich nehm den Kopf. Ich werd ihn ausstopfen und an die Wand nageln.«

Mir stockte der Atem und ich trat hinter meinem Baum vor. »Pa, das kannst du nicht machen!«

Alle drei wandten sich zu mir um. Der Fremde starrte mich an. Seine Augen waren so schwarz wie seine Stiefel.

»Kann ich und werd ich«, fuhr er mich an. »Ich hab dir doch gesagt, du solltest ins Haus gehen – jetzt geh!«

»Nein!« Ich wusste nicht, warum ich das sagte, aber das Wort fuhr heraus wie ein Peitschenknall.

Einen langen Atemzug sagte niemand etwas. Der Fremde starrte mich immer noch an. Ich starrte zurück ohne zu blinzeln, bis meine Augen zu brennen begannen. Ich musste ein paarmal zwinkern und als ich wieder hinsah, schaute der Fremde über die Wiesen.

Dann atmete Pa langsam und gleichmäßig aus. »Mädchen, sprich nie wieder in diesem Ton mit mir!«

»Sie braucht mal 'ne Lektion«, sagte Onkel Leroy.

Ich holte tief Luft. »Ich ... Ich will mit«, sagte ich.

»Was soll das heißen?«, fauchte Pa.

»Ich will den Geisterhengst suchen.«

»Geisterhengst?«, fragte der Fremde.

Ich wandte mich ihm zu. »Weil ihn niemand je aus der Nähe sieht«, erklärte ich schnell. »Schon gar nicht so nahe kommt, dass er ihn fangen könnte.«

»Er ist kein Gespenst«, setzte Onkel Leroy hinzu. »Noch nicht.« Er grinste zu Pa hinüber, aber Pa war nicht in der Stimmung, über schlappe Witzchen zu lachen. Also wurde Leroy wieder mürrisch.

»Geh und mach uns ein ordentliches Frühstück«, befahl Pa.

»Du weißt doch, ich kann nicht ...«, begann ich, unterbrach mich aber sofort, als ich sah, wie Pa das Gesicht verzog, als ob er mich anbrüllen wollte. Ich lief ins Haus, gab aber den Gedanken nicht auf, mit ihnen zu reiten.

In dem gasbetriebenen Kühlschrank fand ich durchgedrehtes rohes Rindfleisch, und weil das ohnehin das Einzige war, was ich kochen konnte, machte ich Hamburger. Hamburger auf Toast mit massig Ketchup. Was erwarteten sie, wo ich doch fast nur in den Ställen war? Tantchen sagte immer, ich wäre in der Küche nur im Weg und Pa brauchte meine Hilfe draußen. Er wäre darauf angewiesen. Darüber musste ich immer lachen, aber Tantchen schwor, das wäre wahr. Einmal hab ich gesagt, ich würde ihr irgendwann eine Brille kaufen, damit sie besser sehen könnte.

»Was machst du da?«, rief Tantchen aus dem Schlafzimmer, als ich das Fleisch zu braten begann.

»Ein warmes Frühstück«, rief ich zurück.

»Aber du kannst nichts als Hamburger!«

»Genau das kriegen sie auch.« Ich wendete die Fleischkuchen. Sie waren alles andere als rund, sahen eher wie Karten von Texas aus – nicht dass ich je dort gewesen wäre, aber ich hab's in der Schule im Atlas gesehen.

Tantchen fand die Kraft aufzustehen und ihre Tür zu schließen, als könnte sie den Gedanken, dass ich in ihrer Küche stand, nicht ertragen.

So war das schon gewesen, als Ma noch da war. Soviel ich wusste, kamen Tantchen und Onkel Leroy am Tag, nachdem Ma und Pa geheiratet hatten. Ma hatte nur Eier kochen können, deshalb hatte Tantchen die Küche übernommen. Ma war das sehr recht gewesen, denn so hatte sie mehr Zeit für ihre Bücher und das Malen gehabt.

Komisch an der Geschichte war nur, dass sie immer mal verändert wurde. Ich bin 1946 geboren, im Juni. Einmal hat Tantchen gesagt, sie wären 1947 hergezogen. Ich fragte mich, wie das angehen konnte, wenn doch Tantchen und Onkel Leroy am Tag nach der Hochzeit eingezogen waren?

Einmal hab ich Tantchen danach gefragt, aber sie hat bloß die Lippen zusammengekniffen. Wollte nichts dazu sagen. Sie sagte nicht mal, ich sollte Ma fragen, aber ich wusste, dass ich nur dort Antworten bekommen würde. Ich konnte nur nicht. Ich wollte es nicht wissen, hatte Angst.

Seitdem begann ich zu merken, dass ich anders war – dass mein Haar dunkel war, meine Finger lang und schmal, nicht wie Pas kurze, kräftige Hände, aber auch nicht schlank und zierlich wie Mas. Und dass Pa Nellie behandelte, als wäre sie seine einzige Tochter, vor allem, seit Ma weg war. Manchmal hab ich überlegt, ob ich überhaupt einen Pa hätte.

Ich hatte gerade den Toast fertig verbrannt, als Nellie hereintanzte, die Nase gekraust wie ein zerknülltes Hemd. »Was stinkt hier so?«

»Frühstück.«

Sie sah in die Bratpfanne. »Zum Frühstück kann ich kein Fleisch essen«, jammerte sie. »Und du hast den Toast verbrannt.«

»So schlimm ist es nicht«, sagte ich und kratzte das

Schwarze überm Spülstein ab. »Mit viel Ketchup schmeckt es prima.«

»Ich mag kein Ketchup.«

»Dann tu dir Honig drauf.«

In dem Augenblick stampften Pa und Onkel Leroy herein. Sie zogen die Stiefel aus, als wäre Ma noch da. Dann legten sie ihre Hüte auf das Tischchen. Ich wartete, dass der Fremde hinter ihnen herkäme, hörte aber nichts.

Ich stellte die Teller hin, alle angeschlagen bis auf einen, und legte die Hamburger mit dem abgeschabten Toast darauf.

»Wo ist er?«, fragte ich, als jeder bekommen hatte.

»Kümmert sich um sein Pferd«, sagte Pa mit vollem Mund.

Mir war flau im Magen. Ich konnte nichts essen.

Als er hereinkam, trampelte der Fremde nicht wie Pa und Onkel Leroy, sondern trat zurückhaltend auf, wie ein Gentleman. Er zog sogar seine Stiefel aus und nahm den Hut ab, als würde er Mas Vorschriften kennen. Ich brachte ihm schnell den heilen Teller mit seinem Frühstück. Ich stellte es ihm hin, als er sich setzte.

»Sieht gut aus«, sagte er und es klang aufrichtig.

Niemand hat je etwas Freundliches über meine Kocherei gesagt. Ich konnte nicht einmal danke sagen, deshalb ging ich einfach wieder zur Spüle und begann die Pfanne abzuwaschen.

Nellie hatte noch nichts gesagt, seit der Fremde hereingekommen war. Sie saß am Tisch, das Kinn nur knapp über der Tischplatte, und kaute ganz langsam ihren Honigtoast. Dann schluckte sie einen Bissen hinunter und fragte: »Wie heißt du?«

Der Fremde legte seine Gabel hin und lehnte sich über den Tisch. »Und wie heißt *du*?«

Sie kicherte: »Nellie.«

»Na, das ist aber mal ein hübscher Name«, sagte der Fremde. »Ein hübscher Name für eine hübsche junge Dame.« Dann legte er seine Hand an ihr Ohr und zog sie wieder weg. Eine glänzende Münze zwischen seinen Fingern schien aus ihrem Ohr gekommen zu sein.

Nellie kicherte noch mehr und der Fremde lächelte. Ich lächelte auch. Konnte gar nicht anders.

»Wie hast du das gemacht?«, quietschte Nellie, als er ihr den Penny gab.

Er zwinkerte. »Ein Geheimnis, hübsches Mädchen«, flüsterte er so, dass es alle hören konnten.

Ich schrubbte heftiger an meiner Pfanne und überlegte, was für Geheimnisse er sonst noch in Händen halten mochte. Obwohl ich kein kleines Kind war wie Nellie, wünschte ich mir aus irgendeinem Grund, dass er auch aus meinem Ohr eine Münze zöge.

»Ich bin so hübsch wie meine Ma«, sagte Nellie stolz und warf die Münze von einer Hand in die andere. »Aber Ma ist tot.«

»Ist das wahr?«, fragte der Fremde und sein Lächeln verschwand. »Das ist aber traurig.« Er senkte den Kopf.

Pa räusperte sich. »Und woher kommen Sie?« Pa fragte bestimmt nur, um das Thema zu wechseln. Er mochte nicht, dass von Ma gesprochen wurde.

»Von überall und nirgends«, sagte der Fremde und begann wieder zu essen.

»Kein Zuhause?«, fragte Onkel Leroy. Ich konnte an der Art, wie er den Fremden mit zusammengekniffenen Augen ansah, ablesen, dass er ihn nicht besonders mochte. Aber Onkel Leroy mochte viele Leute nicht.

»So ist es«, antwortete der Fremde.

Ich spülte die Pfanne nach, die sauberer war, als ich sie je gesehen hatte, und trocknete sie ab.

Die ganze Zeit sah ich den Fremden an. Er aß mit der linken Hand, wie ich. Seine Finger waren lang und flach, ausgenommen der kleine Finger, der gekrümmt war wie zum Teetrinken. Ich schaute auf meine Hände. Ich hatte auch einen kleinen Finger, der gekrümmt war wie zum Teetrinken. Seine Haare waren vom Hut platt gedrückt, aber die Enden lockten sich, wie meine.

In diesem Augenblick fiel mir die Halskette ein, die Ma immer getragen hatte. Ein silbernes Herz hing daran, das man öffnen konnte. Darin hatte Ma eine Locke aufbewahrt. Sie hat mir nie gesagt, wessen Locke es war, aber sie war schwarz wie die Nacht und ringelte sich am Ende wie ein vertrocknetes Blatt.

N*ach dem Frühstück folgte ich den Männern* hinaus in den Stall. Ich atmete den Geruch von Getreide und Dung ein. Bremsen flogen um mich herum, suchten nach einem saftigen Biss, aber ich scheuchte sie mit meinem Hut weg. Die Katzenmutter und ihre vier eingestaubten Kätzchen strichen an meinen Beinen entlang und wollten gestreichelt werden. Ich konnte nicht widerstehen, obwohl ich wieder würde niesen müssen.

Ich hätte gern hier draußen geschlafen, aber Pa sagte, das gehörte sich nicht. Als ob Ma noch da wäre und ihm ins Ohr flüsterte. Allerdings glaubte ich, dass Ma mir vielleicht erlaubt hätte, hier draußen zu schlafen, nahe bei den Pferden und dem Land und den Bergen.

Ich kletterte auf eine der Boxentüren. »Kann ich mitkommen, Pa?«

»Uns im Weg sein?«, fragte Pa und zog den Gurt um Thunders Bauch fest.

»Ich stör euch nicht«, versprach ich. Hoffnungsvoll, weil er nicht direkt Nein gesagt hatte.

»Sie will den Hengst verscheuchen, bevor wir ihn

kriegen«, sagte Onkel Leroy und zerrte zu heftig an Jackos Halfter.

Ich sagte nichts, weil ich das nicht ganz und gar leugnen konnte.

»Warum lasst ihr sie nicht?«, brummte der Fremde.

Wir wandten uns alle zu ihm um.

Er sah uns nicht an, sondern fummelte am Gebiss im Maul seines Pferdes herum. »Es kann nicht schaden. Sie kann für uns kochen.«

»Ich koch besser als sie«, sagte Onkel Leroy angeekelt. Er hatte Recht, aber ich warf ihm trotzdem einen bösen Blick zu. Er gab ihn mir gleich zurück, nur noch härter und böser. Ich wusste, dass er mich insgeheim manchmal verfluchte, aber ich wusste auch, dass er mir nie etwas tun würde. Er knurrte eben gern wie ein räudiger Hund.

»Es geht mich wohl nichts an, aber vielleicht wird es Zeit, dass sie es lernt«, sagte der Fremde. Er war mit dem Gebiss zufrieden und prüfte nun den Sattelgurt.

Pa sagte nicht ausdrücklich, ich könnte mit, aber er sagte auch nichts, als ich Blue sattelte. Vielleicht wusste er, dass ich so oder so hinter ihnen herreiten würde. Vielleicht hatte es auch mit dem zu tun, was der Fremde gesagt hatte.

Bevor wir aufbrachen, lief ich ins Haus zurück, um mir einen Pullover zu holen. Ich griff ihn aus der untersten Schublade und warf ihn mir über die Schultern. Als ich hinausging, sah ich mich kurz in dem kleinen Spiegel, der neben der Tür an einer Schnur aus geflochtenen Pferdehaaren hing. Ich vergeudete im Allgemeinen keine Zeit damit, mich zu betrachten, wie Nellie es tat, aber als ich meine Haare vorbeischwingen sah, fiel mir Mas Medaillon ein.

Ich sah ins Treppenhaus. Ein Seil hing von der Falltür in der Decke herab.

Ich lauschte. Das Haus war still. Nellie sang auf den Stufen am Hintereingang vor sich hin. Alle waren draußen, bis auf Tantchen, und die schlief vermutlich oder hatte zu starke Schmerzen, um sich um das zu kümmern, was hier vor sich ging.

Ich schlich zu dem Seil und zog daran. Die Tür schwang langsam nach unten auf. Ich wusste, ich hätte das Tau loslassen und nicht denken sollen, was ich dachte, aber es war, als hätte jemand meine Hand ergriffen und widersetzte sich meinem Verstand.

Mein Herz klopfte mir bis in die Ohren, als ich die Stufen ausklappte. So schnell und so leise ich konnte, kletterte ich auf den Speicher. Ich wusste, dass ich mich beeilen musste, dass Pa sonst ohne mich losreiten würde.

Kartons und Kram lagen um die Öffnung herum. Das meiste davon war von Ma. Pa hatte eines Abends alles verpackt und hier heraufgebracht. Er hatte mit der Peitsche gedroht, wenn er uns je dabei erwischte, dass wir in den Kartons stöberten. Ich wusste nicht, warum er alles behielt, warum er nicht einfach alles verbrannte, wenn er doch nicht wollte, dass Nellie und ich es bekamen. Es ergab keinen Sinn.

Das ganze Zeug war also noch da, lag über unseren Köpfen wie eine Lawine, die jederzeit abgehen konnte. Manchmal träumte ich, es käme alles vom Speicher herab und begrübe uns unter Rosenparfüm und Erinnerungen.

Dämmerlicht, das von den Stufen heraufdrang, erhellte den Raum. Ich zog einen der Kartons heran und schnitt mit meinem Taschenmesser den Bindfaden durch, der ihn verschloss. Ich klappte die Pappdeckel hoch und sah hinein. Mit der Hand schob ich Seiden- und Satinlagen beiseite und drang tiefer in den Karton vor. Ich wollte gerade aufgeben und zum nächsten übergehen, als meine Finger auf die harte Kante von Mas Schmuckkästchen stießen. Ich zog es heraus; Nachthemden und Slips fielen zur Seite.

Vorsichtig drehte ich mich auf den schmalen Stufen um und setzte mir das hölzerne Kästchen auf die Knie. Ich hob den Deckel hoch. Das silberne Herz lag gleich obenauf. Es fühlte sich warm an, als hätte es jemand gerade erst abgelegt. Ich ließ es aufspringen. Eine Locke so dunkel wie meine Haare lag darin. Dunkel wie die des Fremden. Ich wusste, dass es nicht meine Haare waren, denn Ma hatte sie da hineingelegt, als meine noch die Farbe von gegerbtem Leder hatten. Sie schienen von Jahr zu Jahr dunkler zu werden. Wessen Locke war es dann? Und warum hatte Ma sie all die Jahre nahe ihrem Herzen getragen?

Unten flog die Hintertür auf. »Mädchen, komm jetzt!«

Mein Herz blieb stehen. Ich wusste, dass er mich von der Küche aus nicht sehen konnte, und ich betete, dass er dort bliebe. »Ich komme, Pa«, rief ich, schloss das Medaillon und zog mir die silberne Kette über den Kopf. Das Herz glitt mir auf die Brust und ich schob es ins Hemd, damit niemand es sähe. Mit zitternden Fingern schloss ich den Schmuckkasten und legte ihn wieder zwischen Satin- und Seidenstücke.

Als die Hintertür zufiel, atmete ich erleichtert auf. So leise ich konnte, stieg ich hinab, klappte die Speicherstufen ein und ließ die Tür wieder in die Decke gleiten. Dann rannte ich die Treppe zur Küche hinunter.

Tantchen stand in der Schlafzimmertür hinter der Küche. Sie hatte die Arme vor der Brust verschränkt und starrte mich an, als wüsste sie, was ich gerade getan hatte. »Ein schweres Unwetter«, flüsterte sie. Dann drehte sie sich um, ging wieder in ihr Zimmer und schloss die Tür hinter sich.

Ich rannte zum Stall und wickelte den Pullover in eine Decke und dann in ein Öltuch und schnallte die Rolle hinten am Sattel fest. Dann griff ich mir eine Feldflasche und füllte sie mit Wasser.

Wir ritten los. Ich winkte Nellie zu, die auf der Schaukel saß, die Pa für Ma angebracht hatte. Nellie hatte nicht gelogen, als sie sagte, sie sähe aus wie Ma, so klein und zierlich wie ein hübsches Püppchen.

Dass ich Mas Tochter war, konnte man nur an den Augen erkennen. Sie waren nicht himmelblau wie die von Pa und Nellie, sondern hatten einen Ton wie die Berge im Abendlicht. Traumviolett hatte Ma die Farbe genannt.

Pa und Onkel Leroy ritten voran. Der Fremde folgte und ich ritt hinter ihm her. Ich hielt Ausschau nach dem Geisterhengst und wünschte mir ihn zu sehen, betete aber, dass ich ihn nicht sähe, und fragte mich die ganze Zeit, was stärker war, das Beten oder das Wünschen. Keines von beiden half je. Ich hatte mir schon eine Menge Sachen gewünscht und erbeten – dass Ma nicht fort wäre oder dass ich goldblondes Haar hätte oder dass Pa mich lieb hätte. Hatten mir nie geholfen, all diese Wünsche und Gebete.

Wir ritten den ganzen Tag, bis der Fremde Hufspuren fand. Ich hatte vorher schon ein paar Pferdeäpfel erspäht, mit denen der Geisterhengst sein Territorium markiert hatte, den anderen aber nichts davon gesagt.

Es war nicht schwer, der Spur zu folgen. Tatsächlich, er und die Stuten liefen in Richtung Smokys Canyon. Ich fragte mich, woher Pa wusste, wohin der Hengst laufen würde. Und wie ich ihn davon abhalten könnte, den Hengst zu töten.

Wir hielten an, als die Berge traumviolett leuchteten.

Onkel Leroy und der Fremde legten den Pferden Fußfesseln an, während Pa Nahrungsmittel auspackte, die er mitgebracht hatte. Zum Essen gab es dicke Brocken Krustenbrot und Cheddarkäse. Pa zündete ein kleines Feuer an und machte Wasser für Kaffee heiß. Kaffee und Holzrauch rochen gut. Niemand sprach. Alles war still, bis auf das Knacken der Äste, die im Feuer zerplatzten.

Als die Sonne untergegangen war, wurde es kalt. Ich zog den Pullover an und wickelte mir die Decke um die Schultern und dann auch noch das Öltuch, um Feuchtigkeit abzuhalten.

Ich legte mich auf den Rücken und sah zu den Sternen hinauf. Ma hatte immer erzählt, dass man in großen Städten wie New York oder Chicago die Sterne nicht sehen könnte, weil zu viele Lichter da wären. Aber hier draußen im Freien, bei nur einem kleinen Lagerfeuer, waren sie so dicht und hell, dass es aussah, als wäre eine riesige Herde Pferde durch den Himmel galoppiert und hätte Sternenstaub für eine Million Wünsche aufgewirbelt.

Ma und ich hatten oft stundenlang auf dem Geländer gesessen und die Gesichter zum Nachthimmel gewandt. Sie hatte mir Sternbilder gezeigt, den Großen und den Kleinen Wagen, den Drachen und Orion mit seinen Jagdhunden. Bei jeder Sternschnuppe hatten wir uns etwas gewünscht.

Einmal hatte ich sie gefragt, warum sie und Pa nie draußen saßen und den Nachthimmel betrachteten.

»Er versteht nichts von Sternen und Wünschen«, hatte sie geantwortet. »Er glaubt nur an Dinge, die ihm Schwielen einbringen und Rückenschmerzen. Aber er ist ein guter Mensch, ein harter Arbeiter. Er ist nur kein Träumer.«

Ich war froh gewesen, das zu hören. Ich hatte Ma ganz für mich gewollt. Nellie war noch zu jung, um stillzusitzen und die Bewegung am Himmel zu sehen, und Pa ... Na ja, manchmal hatte er mir Leid getan, weil ich seinen Platz neben Ma so oft eingenommen hatte. Vielleicht mochte er mich deshalb nicht besonders. Vielleicht war es auch etwas anderes.

Ich rollte mich auf die Seite, dem Feuer zu. Meine linke Hand schob sich unter meinen Pullover und umschloss das Medaillon.

Der Fremde saß auf der anderen Seite des Feuers, mir gegenüber, und ich konnte sein Gesicht durch die zuckenden Flammen hindurch sehen.

Ich zog an der Kette um meinen Hals und fragte mich, ob die Locke in dem Medaillon vielleicht dem Fremden gehören könnte. Und was ich tun würde, wenn es so wäre.

*Ich weiß nicht, wovon ich am nächsten Morgen auf*wachte. Vielleicht von dem harten Boden. Ich war an meine knubbelige, aber weiche Matratze zu Hause gewöhnt. Vielleicht war es, dass mich der Fremde anstarrte. Ich spürte seinen Blick, noch bevor ich die Augen aufschlug. Und als ich sie öffnete und in seine Richtung sah, tat er so, als wäre ich nicht da.

Ich beobachtete ihn, suchte nach Teilen von mir in ihm, über die kleinen Finger und die Locken hinaus. Trug ich meinen Hut so? Blinzelte ich auf gleiche Weise in die aufgehende Sonne? War meine Stimme ähnlich, hob und senkte sie sich so wie dieses hügelige Land?

Endlich schaute er zu mir herüber, während er ein Säckchen aus der hinteren Hosentasche zog. Seine weißen Zähne blitzten, als er lächelte und sich eine Zigarette zu drehen begann.

»Rauchst du?«, fragte er.

Ich schüttelte den Kopf. »Noch nicht«, sagte ich leise, für den Fall, dass Pa zuhörte, der gerade eine Tüte gemahlenen Kaffee aus der Satteltasche holte.

Der Fremde gab mir mit einem Nicken zu verstehen,

dass ich näher kommen sollte. Ich warf einen Blick zu Pa hinüber; der fummelte an seiner Tasche herum, als ob er den Kaffee vermisste oder so, also kroch ich zu dem Fremden hinüber und nahm Decke und Öltuch mit. Er gab mir ein kleines, dünnes Papierchen und schüttete ein bisschen süß duftenden Tabak darauf. »Jetzt rollen«, sagte er.

Ich sah zu, wie seine Finger sich hin- und herbewegten, hin und her. Aber als ich es versuchte, knitterte das Papierchen und der Tabak rieselte zu Boden. Der Fremde lachte leise.

»Vielleicht bist du hierbei besser.« Er zog ein Kartenspiel aus seiner Satteltasche, fächerte die Karten auf und forderte mich auf, eine zu wählen, ohne sie ihm zu zeigen. Ich tat es. Es war der Kreuz-Bube.

»Jetzt steck sie zurück«, sagte er.

Ich schob die Karte ins Spiel zurück und sah zu, wie er die Karten mischte. Dann drehte er die obenauf um. Der Kreuz-Bube schien mich anzugrinsen wie der Fremde. Ich verschluckte mich fast.

Pas Kopf erschien vor uns; er starrte uns an. »Was machst du da?«, fragte er.

»Pa«, sagte ich, noch immer verblüfft. »Sieh dir bloß mal dieses Kartenkunststück an.«

Pa sah finster aus. »Ich hab keine Zeit für Spiele«, sagte er kurz. »Wir haben Wichtigeres zu tun. Geh die Pferde satteln.«

Ich sah den Fremden an und zuckte die Achseln. Er zwinkerte mir zu und mir war, als ginge in mir die Sonne auf – ohne alle Wolken.

Ich rollte meine Decke zusammen und schnallte sie hinten an meinen Sattel. Dann warf ich ihn auf Blues Rücken und zog den Gurt unter ihrem Bauch durch. Blue versuchte den Bauch aufzublähen, damit ich den Gurt nicht so fest anzöge. »Nützt nichts«, sagte ich lachend und klopfte sie leicht, bis sie ausatmete und ich den Gurt nachziehen konnte.

Onkel Leroy ließ niemanden sein Pferd anrühren, deshalb sattelte ich Pas Pferd als nächstes. Als ich damit fertig war, hatte der Fremde sein Pferd bereits selbst gesattelt.

Pa gab jedem von uns einen Becher Kaffee, den er auf dem Feuer gekocht hatte, dann trat er die Glut aus und wir machten uns auf.

Ich atmete tief ein. Ich roch den Kaffee, die vom Morgentau feuchte Erde und die Wärme der Pferde. Ma hatte mir erzählt, dass große Städte nicht so röchen. Sie röchen wie Brot im Ofen mit Benzin. Ich rümpfte die Nase, als ich auch nur an so eine Mischung dachte.

Onkel Leroy führte. Pa schien gereizt. Er wandte sich mehrfach im Sattel um und sah nach mir. Dann schaute er den Fremden an.

Ein- oder zweimal trafen sich unsere Blicke, während wir dahinritten, aber er lächelte nicht und zwinkerte mir nicht zu wie der Fremde. Er runzelte nur die Stirn, richtete sich auf und seine Knie drückten sich zusammen, sodass Thunder ein bisschen schneller lief. Dann zügelte er ihn und schaute auf die Berge, denen wir näher kamen, als sähe er sie zum ersten Mal, obwohl er natürlich in Wirklichkeit nur wartete, dass der Fremde und ich aufholten. Fragte sich Pa dasselbe wie ich? Verglich er mich mit dem Fremden? Jedenfalls blieb er uns so nahe, dass ich dem Fremden keine Fragen stellen konnte, also hielt ich den Mund und wartete.

Onkel Leroy hielt den Mund nicht. »Sind Sie hier in Oregon geboren? Oder weiter im Osten?«

»Kann mich nicht so weit zurückerinnern«, sagte der Fremde.

Onkel Leroy knirschte mit den Zähnen wie ein Pferd. »Und Ihr Pa? Lebt der noch?« Ich sah die Frustration in Onkel Leroys zusammengekniffenen Augen und in der Art, wie er die linke Schulter hob, höher als die rechte.

Der Fremde schaute unter der schwarzen Hutkrempe hervor. »Nach meinem Pa hat mich noch nie jemand gefragt«, sagte er steif. »Glaub nicht, dass das nötig ist.«

Onkel Leroys Schulter hob sich noch ein bisschen. »Und was ist mit Ihrer Ma?«

Die Fragen gingen immer weiter, während wir ritten. Der Fremde antwortete auf jede, ohne etwas Wichtiges mitzuteilen. Ich wusste nach der Fragerei nicht die Bohne mehr über ihn als vorher.

Als die Sonne höher stieg und es heiß wurde, zog ich meinen Pullover aus. Dabei achtete ich darauf, dass Mas Medaillon unter meinem Hemd versteckt blieb. Ich wusste nicht, was Pa tun würde, wenn er es sähe, aber es würde vermutlich nicht angenehm sein.

Ich dachte daran, dass Nellie mal mit einem roten Satinband gespielt hatte, das von einem von Mas Stadtkleidern abgegangen war. Pa hatte es ihr weggenommen und Nellie hatte sich die Augen ausgeweint. Er hatte versucht das Band zu zerreißen, indem er es um die Hände gewickelt hatte. Es hatte ausgesehen, als hätten Streifen von Blut durch die Finger geschnitten. Aber das Band war heil geblieben.

Schließlich hatte er es zu einem kleinen Ball gerollt und war mit ihm in der Hand aus dem Haus gestürmt. Er war erst am folgenden Tag zurückgekommen und hatte gerochen wie eine Schnapsflasche. Nachdem er sich gewaschen hatte, hatte er Nellie in die Arme genommen und gesagt, es täte ihm Leid; dabei hatte sie das alles längst vergessen. Zu mir hatte er nichts gesagt, obwohl er ausgesehen hatte, als hätte er etwas sagen wollen. Schließlich war er einfach weggegangen.

Es war so heiß, dass ich gern die Haare unter den Hut gesteckt hätte, aber ich fürchtete, dass man dann die silberne Kette sehen würde. Ich trank aus der Feldflasche und spülte das warme, nach Metall schmeckende Wasser durch die Zähne, bevor ich es herunterschluckte. Ein paar Tropfen ließ ich mir übers Kinn laufen, damit sie mir das Hemd nässten, aber das Wasser trocknete schneller, als es mich abkühlen konnte.

Onkel Leroy hatte aufgehört zu fragen. Sinnnlos, Fragen zu stellen, wenn keine Antworten kommen. Ich hätte auch noch Fragen an den Fremden gehabt, aber ich wollte damit warten, bis wir allein waren.

Gegen Mittag kamen wir an ein paar kümmerlichen Bäumen vorbei und hielten zu einer Pause an. Niemand sprach. Es war zu heiß. Sogar zu heiß zum Essen. Pa und Onkel Leroy schlossen die Augen, zogen sich die Hüte über die Augen und kreuzten die ausgestreckten Beine. Der Fremde drehte sich sorgfältig eine Zigarette, zündete sie an und ließ mit jedem Ausatmen den Rauch zwischen den Lippen herausströmen.

Zum Schlafen war es mir zu heiß und zum Rauchen war ich zu jung. Deshalb saß ich einfach nur da und sah mit zusammengekniffenen Augen auf die Berge. Zuerst glaubte ich, es wären die Hitzewellen, die meinen Augen einen Streich spielten, sodass ich Dinge sah, die nicht da waren. Ich richtete mich auf und sah genauer hin. In der dunstigen Ferne stieg der Geisterhengst, stand auf gestreckten Hinterbeinen, den Kopf hoch erhoben, seine Vorderhufe schlugen die Luft, als kämpfte er mit einem Drachen.

Ich hielt den Atem an, um die anderen nicht aufmerksam zu machen. Am liebsten hätte ich den Hut geschwenkt, um den Hengst zu warnen. *Hau ab!*, schrie ich innerlich. *Lauf, bleib frei!*

Er stieg abermals, warf den Kopf zurück, seine Mähne flatterte wie eine Fahne. Dann war er plötzlich so schnell verschwunden, wie er erschienen war.

Ich begann wieder zu atmen. Schweiß kühlte meine Stirn und meinen Nasenrücken. Mein Herz klopfte und ich lehnte mich zurück, versuchte den Hengst noch einmal vor meinem inneren Auge zu sehen.

Der Fremde setzte sich anders hin. Er zog an seiner Zigarette, die rote Glut näherte sich seinen Fingern. Er sagte nichts. Hatte er den Geisterhengst gesehen?

Ich schöpfte Hoffnung. Vielleicht wollte er das wilde Pferd nicht töten. Vielleicht waren es nur Pa und Onkel Leroy und Mr Semple, die ihn tot sehen wollten. Ich und der Fremde konnten ihn retten.

Ich wollte ihn fragen, ob das stimmte, aber wenn ich etwas sagte, würde Pa aufwachen und wissen wollen, worüber wir redeten. Also fragte ich ihn nur mit Blicken. Aber die Antwort verstand ich nicht.

Wir ritten für den Rest des Tages, die blauen Berge der Ferne wurden gold und grün und dann violett, als die Sonne sank, als hätte die Erde sie geschluckt.

Während ich mich um die Pferde kümmerte, fing Onkel Leroy ein Kaninchen und Pa zog es ab, steckte es an einen Spieß und briet es über dem Feuer. Ich konnte nicht zusehen. Aber als das Fett in die Flammen zu zischen begann, lief mir das Wasser genauso im Munde zusammen wie den anderen. Und es schmeckte prima, wenn es auch ein bisschen zäh war.

Nachdem ich mir das letzte Fett von den Fingern geleckt hatte, lehnte ich mich zurück an meinen Sattel, einen Becher mit heißem Kaffee in der Hand. Die Nachtluft strich mir kühl über das Gesicht, aber alles andere an mir war dank Pullover und Decke warm.

Onkel Leroy sah den Fremden an, als sei er der Teufel oder so was. Ich genierte mich wegen all der Fragen, die Onkel Leroy ausgespuckt hatte. Sicher, mich interessierten die Antworten auch, aber mir war klar, dass es unhöflich war, so direkt zu fragen. Ma hatte mir das beigebracht. Pa hatte das offenbar ebenfalls von ihr gelernt, denn er sprach den ganzen Tag fast gar nicht. Er hörte nur zu und ritt und behielt mich im Auge.

Ich schlief schon fast, als ich eine klagende Melodie hörte. Ich wusste, dass der Fremde die Mundharmonika spielte, denn Pa und Onkel Leroy hatten nie etwas Musikalischeres zu Stande gebracht, als zu rülpsen.

Ich sah mich vorsichtig um. Pa und Onkel Leroy waren still, ihre Gesichtszüge waren nur vom flackernden Licht des Feuers belebt. Das Gesicht des Fremden lag im Schatten seines Hutes, aber die Bewegungen seiner Hände über dem blitzenden Silber der Mundharmonika sahen aus wie Motten, die das Licht umtanzten.

Der Fremde spielte eine Melodie nach der anderen; sie griffen ineinander wie Teile eines großen, komplizierten Puzzles. Es schien die Art Puzzle, mit denen Ma sich immer so viel Mühe gegeben hatte, die aber nie fertig geworden waren. Manchmal hatte sie den ganzen Nachmittag dagesessen und auf die Teile gestarrt, hatte nur ein einziges Stück auf dem Tisch herumgeschoben, auf der Suche nach dem passenden Anschluss.

Schließlich verklangen die letzten Töne. Das Feuer war zur Nachglut heruntergebrannt. Der Fremde steckte seine Harmonika in eine verborgene Tasche, dann lehnte er sich zurück, den Kopf auf seinem Sattel, seine schwarzen Augen blickten zum Himmel.

»Meine Ma sagt, in einer großen Stadt kann man die Sterne nicht sehen«, sagte ich leise.

Er antwortete nicht.

»Da kam sie her«, sagte ich, als müsste er das wissen. »Sagte aber, sie hasste sie. All den Lärm und die Unruhe. Und sie konnte keine Sterne sehen – deshalb kam sie hierher. Manchmal blieb sie die ganze Nacht draußen, sah in den Himmel und fühlte, wie sich die Erde drehte.« Ich seufzte.

»Und wie ist deine Ma gestorben?«, fragte er mit leiser, tiefer Stimme, als spräche er mit sich selbst und nicht mit mir.

Ich schluckte. »Sie ist nicht wirklich tot«, sagte ich schließlich.

Er warf den Kopf herum und sah mich an. Erst sagte er nichts, dann fragte er: »Was meinst du damit?«

Ich zögerte und warf einen Blick zu Pas Seite des Feuers hinüber. Sein Kinn war herabgesunken, er hatte den Mund offen, deshalb nahm ich an, dass er schlief.

»Sie ist fortgegangen«, flüsterte ich. Es klang eigenartig, als ich diese Worte aussprach, zum ersten Mal in neun Monaten. »Wir sagen nur, sie sei tot, damit Nellie nicht nach ihr sucht. Und Pa … Na ja, ich glaube, er tut lieber so, als sei sie tot als einfach weggelaufen. Das tut weniger weh.«

»Mit wem ist sie weggelaufen?«, fragte er.

»Was?« Dann senkte ich die Stimme und sah ihn von der Seite an. »Sie ist nicht mit jemandem gegangen. Sie war eine Dame«, erklärte ich, als sagte das alles.

»Wohin ist sie gegangen?«

»Ich hab Ihnen doch gesagt, sie ist weggelaufen. Sie hat keine Briefe hinterlassen oder was.« Ich hatte Mühe, die Worte an dem Kloß in meiner Kehle vorbeizubringen. Fehlte nur noch, dass mir große dicke Tränen kamen.

Ich hustete und versuchte mich zu räuspern. Der Fremde sah nur zu, aber Pa sprang plötzlich auf.

»Was ist?«, fragte er und sah über das Feuer hinweg. Ich fragte mich, ob er wirklich geschlafen hatte.

»Nichts«, sagte ich mit gepresster Stimme.

Ich konnte Pas Augen in der Dunkelheit nicht richtig sehen, aber er stand ganz steif da, wie ein wildes Tier, das den Feind wittert. Wusste nicht, was er gleich tun würde, aber dann ließ er die Schultern sinken, setzte sich wieder und lehnte den Kopf an seinen Sattel.

Der Fremde sah mich an und zwinkerte, dann schob er sich den Hut ins Gesicht und kreuzte die Arme über der Brust und ich wusste, dass die Zeit für Fragen und Antworten vorbei war.

Ich sah zu den Sternen auf, die über meinem Kopf kreisten, und wusste, dass ich nie einschlafen würde. Ich fragte mich, ob Ma zu dem gleichen Himmel hinaufsähe. Ob sie je an mich und Nellie und Pa dachte?

In der Ferne hörte ich einen Kojoten heulen, und mir war auch nach Heulen. Ich hätte gern die Stimme zu Mond und Sternen erhoben und um Antworten auf

Fragen gebeten, Fragen, die zu stellen ich mich fürchtete.

Und dann war plötzlich doch Morgen und Onkel Leroy brüllte. Er war wütend, stieß ärgerliche Worte hervor und warf mit seinen spitzen Stiefeln Erdklumpen hoch. »Das waren Sie«, schrie er den Fremden an.

Der Fremde hockte am Feuer und schenkte sich einen Becher Kaffee ein. »Ich würde nie einem Pferd etwas tun«, sagte er, ohne auch nur aufzublicken. »Einem verrückten Mann dagegen ...« Seine Stimme verklang bedeutungsvoll.

Mein Onkel tobte, seine geballten Fäuste stießen hierhin und dahin und trafen nichts als Luft. Er hätte jetzt Tantchens sanfte Stimme gebraucht, ihre sanften Hände. Jackos Augen waren weit aufgerissen, seine Nüstern gebläht. Er warf den Kopf hoch und hatte die Ohren angelegt. Pa hielt den Strick seines Halfters mit beiden Händen und versuchte ihn zu beruhigen, sang ihm sanfte Worte wie ein Wiegenlied.

Dann sah ich die klaffende Wunde auf seiner Brust, aus der das Blut tropfte.

Ich sprang auf, meine Decke fiel zu Boden. »Hoo, hoo, Jacko, Junge«, sagte ich leise und streckte die Hand aus. Jacko versuchte sich aufzubäumen, aber Pa hielt ihn fest.

»Es war ein Tritt«, sagte Pa; er keuchte von der Anstrengung, das Pferd zu halten. Er nickte zu dem Fremden hinüber. »Sein Pferd ist beschlagen. Sieht böse aus.«

Mit weichen, fließenden Bewegungen trat ich näher und langte mit beiden Händen nach seinem Maul. »Ja, mein Junge«, sagte ich leise, als ob er und ich allein auf der Welt wären. Er erstarrte. Ich ließ die Hände leicht über Nüstern und Maul gleiten und hinauf bis hinter die Ohren.

Er schnaubte und ruckte mit dem Kopf.

»Na komm, mein Junge«, sagte ich, »alles in Ordnung. Ich muss nur nach deiner Wunde sehen.« Ganz, ganz vorsichtig schob ich die Hände den Hals hinunter bis zu seiner Brust. Ich berührte den Schnitt. Jacko zitterte, hielt aber still.

Meine Finger wurden nass von Blut, als ich in die Wunde fasste um zu sehen, wie tief der Schnitt war.

Plötzlich war der Fremde neben mir, mit einer silbernen Taschenflasche. Er goss ein bisschen Whiskey auf die Wunde, um sie zu reinigen. Jacko wieherte und warf den Kopf zurück; er zitterte und stöhnte vor Schmerzen und Angst.

Ich nahm Pa den Strick ab und langte hinauf, um Jacko oben an der Stirn zu kraulen. »Alles in Ordnung, Junge, wir kriegen das wieder hin.« Ich wischte das Blut mit dem Tuch ab, das Pa mir reichte, und presste es fest auf die Wunde.

»Du kannst gut mit Pferden umgehen«, sagte der Fremde.

Ich fühlte, dass ich rot wurde, röter als ein Sonnenuntergang. »Hab ich von meinem Pa«, sagte ich. »Ich meine … Na ja, Pa kann auch gut mit Pferden.«

Der Fremde nickte. »Hab ich gesehen«, sagte er.

»Aber … aber Sie auch.« Ich stolperte über meine Worte.

Einen langen Augenblick starrte er mich an. Ich wünschte nur, ich wüsste, was er dachte. Es war, als ob er etwas Wichtiges sagen wollte, aber dann war Pa da.

»Leroy bringt Jacko zurück. Das Pferd muss genäht werden«, sagte Pa schroff. »Wir drei machen weiter und holen uns das Satanspferd.«

Plötzlich erinnerte ich mich, was wir da draußen wollten, und mir sank das Herz in die Hose. Ich stellte mir vor, wie der Fremde sagen würde: »Nein, lassen wir das Wildpferd in Ruhe, das Mädchen und ich gehen weg, wir reiten fort, genauso frei wie der Geisterhengst.« Aber diese Worte gab es nur in meinem Kopf. Was der Fremde laut sagte, war: »Also los.«

W*ir ließen Onkel Leroy zurück, der leise vor sich* hin fluchte. Er konnte dem Fremden keine Schuld an dem Tritt geben; so etwas passiert oft, wenn sich fremde Pferde zu nahe kommen, aber er versuchte es doch. Er würde in Richtung der Ländereien von Mr Semple gehen, sagte er, immer noch aufgebracht, und einer von Mr Semples Männern würde ihn bestimmt sehen und Hilfe holen.

Als wir losritten, bezog sich vor uns der Himmel. Anfangs waren es nur Wattefetzen, die sich ausbreiteten, aber dann schwollen sie an und verbargen die Sonne.

Ein Blitz zerriss den Himmel über den Bergen und es begann nach Regen zu riechen. Blue machte einen Satz zur Seite, als es donnerte, deshalb lehnte ich mich vor und rieb ihre Ohren, bis sie sich wieder beruhigt hatte.

»Wir sollten irgendwo Schutz suchen«, sagte der Fremde. »Das Unwetter wird bald hier sein.«

Pa legte den Kopf zurück und hielt seinen Hut fest, damit er nicht abgeweht wurde. »Wir haben Zeit«, sagte er. »Außerdem zieht das Gewitter nach Norden. Geht an uns vorbei.«

Der Fremde schüttelte den Kopf. »Tut es nicht«, sagte er. »Es kommt genau hierher. Wir müssen uns eine geschützte Mulde suchen.«

»Wir verlieren die Spur«, rief Pa. »Ich muss dieses Pferd kriegen, bevor es mich ruiniert.« Er trieb sein Pferd zum Trab an.

Ich wusste, wenn ich den Geisterhengst nicht als Erste erreichte, würde Pa ihn töten. Ich stürmte voran, in Wind und Sturm, und galoppierte an den beiden Männern vorbei.

Hinter mir hörte ich Rufe, aber ich wurde nicht langsamer. Dann war etwas neben mir. Pa. Er streckte die Hand aus und griff in den Zügel meines Pferdes und brachte uns zum Stehen.

»Bist du verrückt, Mädchen?«, fragte er. »Du kannst doch nicht lospreschen, als ob dich der Teufel jagte. Du kannst dabei umkommen.«

Ich atmete schwer, als ob ich diejenige wäre, die gerannt war.

»Dein Pferd kann sich den Fuß vertreten. Denkst du nie nach?« Sein Gesicht war feuerrot vor Zorn.

»Das ist alles, was dich interessiert«, schrie ich zurück. »Deine verdammten Pferde!«

»Das stimmt nicht!«

»Doch«, heulte ich, »das weißt du ganz genau.«

»Sprich nicht so mit mir.« Er zerrte an dem Zügel und zog mich näher, sodass unsere Knie zusammenstießen.

»Ich bin dein Pa, ob du es willst oder nicht, und du tust, was ich sage.«

Ich wollte ihn anschreien, kreischen und gellen und mich ihm widersetzen. Ich war nicht seine Tochter und er wusste es. Ich wusste es. Jeder, der uns nur mit dem Blick streifte, wusste es. Aber als ich den Mund öffnete, um ihm das zu sagen, trieb der Wind die Worte fort und ließ mich leer zurück.

Der Fremde kam herbei; sein Hut wurde jetzt von einem Lederband unter dem Kinn gehalten. Seine schwarzen Haare mit den gelockten Enden trieben ihm ins Gesicht.

Pa starrte uns beide an, als hätte er gerade erst unsere Haare bemerkt und wie unsere Nasen in gleicher Weise gebogen waren. Ich zog an der silbernen Kette um meinen Hals und zog das Herzmedaillon unter Pullover und Haaren heraus.

Pa erstarrte, als er es sah. Steif, als sähe er sich einer Klapperschlange gegenüber, wartend, dass sie zubisse, betend, dass sie es nicht täte.

»Woher hast du das?«, brachte er hervor. »Ich will es sofort wissen«, brüllte er, als ich nicht gleich antwortete.

»Ma hat es mir gegeben«, log ich. »Sagte, es sei etwas Besonderes.«

»Gib es her.«

Ich schüttelte den Kopf. »Es gehört mir.«

Er griff danach.

In diesem Augenblick zeigte der Fremde auf etwas. »Da ist er«, sagte er.

Wir sahen alle hin. Der Geisterhengst sah zu uns herüber, warf den Kopf hoch und wieherte hoch und durchdringend. Der Ton ging mir durch Mark und Bein.

»Los!«, rief Pa und vergaß mich und das Medaillon. Er ritt los und zog das Gewehr aus dem Futteral.

Der Fremde drückte die Knie zusammen, sein Pferd sprang ebenfalls vorwärts und ich folgte ihnen. Ich sah, wie der Geisterhengst hinter seinen Stuten hergaloppierte, mit stolz wehendem Schweif.

Pa gab einen ungezielten Schuss ab. Ich stieß Blue die Hacken in die Flanken und legte mich flach auf ihren Hals, während wir vorwärts stürmten, gegen den Wind jetzt.

Wir saßen auf drei starken Pferden und bewegten uns schnell. Der Geisterhengst musste über seine Herde wachen; einige Stuten waren trächtig und andere hatten Angst um ihre Jährlinge. Wir kamen näher und näher.

Vor uns sah ich den Hengst anhalten und ich wusste, dass er den Fluss erreicht hatte, der breit und tief war. Das Pferd konnte sich nach Norden oder nach Süden wenden und weiterrennen, aber irgendwann würden wir ihn erwischen, weil die Stuten und die Fohlen ihn aufhielten.

Oder er konnte versuchen, den tosenden Fluss zu durchqueren. Wenn er das schaffte, wäre er frei. Noch einmal warf er den Kopf hoch, dann sprang er ins Wasser und seine Herde folgte ihm.

Als wir das glitschige Ufer erreichten, kämpften sich drüben eben die Letzten die steile Böschung hinauf. Zwei Stuten und ein Fohlen schafften es nicht. Ich konnte ihre Köpfe noch sehen, die wie kurze Balken den Fluss hinabtrieben, bis sie untertauchten.

Pa schüttelte seine Büchse nach dem Satanspferd. »Ich krieg dich noch«, schrie er und musste gegen den Wind kämpfen, damit man ihn hörte.

Der Geisterhengst hatte sich zu uns umgedreht und bäumte sich auf, voller Verachtung. Pa hob das Gewehr und zielte. Der Hengst war zu nahe. Der Fluss war breit, aber nicht breit genug.

»Nein!«, rief ich und trieb mein Pferd an, sodass es mit Pas zusammenstieß und es bedrängte. Pas Pferd kämpfte, um sich auf dem schlüpfrigen Ufer zu halten. Pa schwankte im Sattel und versuchte das Gleichgewicht wiederzugewinnen, sein Gewehr zeigte nach hierhin, nach dorthin. Plötzlich löste sich ein Schuss und die Kugel pfiff an meinem Ohr vorbei. Ich schrie auf.

Pa wurde leichenblass. Er ließ das Gewehr fallen und griff nach mir.

Ich zog an den Zügeln, aber ich wusste nicht, wo ich war. Ich merkte, wie Blue im Matsch ausrutschte. Ich sah auf den schnell strömenden Fluss unter mir. Jemand griff nach mir, packte meinen Pullover und erwürgte mich fast. Blue kämpfte um Halt, aber es nützte nichts. Sie keilte aus, die Hände, die mich hielten, glitten ab und Blue und ich stürzten in den eiskalten Fluss.

D*as kalte Wasser nahm mir den Atem. Ich rang* nach Luft und schluckte nur Wasser. Hustend und würgend strampelte ich mit den Beinen, bis ich die Füße aus den Steigbügeln hatte; ich konnte kaum den Kopf über Wasser halten. Ich schlug um mich, ruderte mit den Armen und versuchte mich zu erinnern, wie man schwamm. Ertrinken schien so leicht.

Weit weg sah ich Blue. Mit gerecktem Hals strebte sie nach dem linken Ufer. Schließlich konnte sie sich aus dem Fluss retten und kletterte die steile, schlammglatte Böschung hinauf. Dann riss mich der Fluss wieder mit und drehte mich in eine andere Richtung, bis ich glaubte, ich würde auseinander gerissen. Manchmal zog es mich unter Wasser, wo es ruhiger zu sein schien. Aber dann stieß ich gegen einen Felsen, wurde zurück an die Luft geschleudert, zurück ins Leben.

Ich stieß die Stiefel ab und versuchte auch, mir den Pullover über den Kopf zu ziehen, aber der klebte fest an mir. Die Strömung wirbelte mich herum; Bilder blitzten mir durch den Kopf. Ma, die mit mir auf dem Arm durchs Zimmer tanzte. Nellie, die in Pas weit geöffnete Arme sprang. Pa wütend und schnaubend und fauchend an dem Tag, als Ma fortgegangen war. Der Fluss riss mich mit und brachte Erinnerungen herauf, zusammenhanglos als hatten sie keine Bedeutung.

Nach einer Weile wurde der Fluss etwas ruhiger. Er floss immer noch schnell, aber das Wasser war glatt und es stießen keine Felsen durch die Oberfläche. Ich kam mir schwer wie eine tote Kuh vor und es gelang mir nur mit Mühe, Augen und Nase über Wasser zu halten. Ich schnappte nach Luft, wann immer ich konnte. Die Felswände von Smokys Canyon stiegen jetzt zu beiden Seiten auf und der Fluss riss mich hindurch. Pa und der Fremde waren außer Sicht.

Meine Beine waren von der Kälte verkrampft und wenn ich zu atmen versuchte, schluckte ich mehr Wasser als Luft. Mir war, als wären Gewichte an meine Füße gebunden, die mich hinabzerrten, die mich endgültig in die Tiefe zu ziehen versuchten.

Dann fiel mir der Geisterhengst ein und ich betete, dass er entkäme. Würde Pa nach dem Satanspferd suchen oder nach mir? Ich ließ den Kopf unter Wasser sinken, damit ich nicht über eine Antwort nachzudenken brauchte. Ich hielt den Atem an, so lange ich konnte, und wartete, dass meine Lungen platzten und sich mit Wasser füllten. Aber etwas in mir hob meinen Kopf im letzten Moment aus dem Wasser und ich bekam einen Mund voll Luft statt Smoky River. Mir wurde klar, dass ich versuchen musste, ans Ufer zu kommen, denn mein Körper war noch nicht bereit aufzugeben.

Langsam versuchte ich aus der Strömung zu kommen, aber ich konnte meine Füße nicht fühlen und meine Hände waren zu Klauen steif gefroren.

Ich hätte wissen müssen, wo der Fluss sich wand und teilte und hinunterstürzte, aber ich dachte nur daran, noch einen Stoß, noch einen Schlag zu tun. Als mich das ferne Geräusch von fallendem Wasser erreichte, glaubte ich, das wäre nur das Blut in meinen Ohren.

Dann erinnerte ich mich.

Ich schaute an den Wänden der Schlucht empor und entdeckte die Nase des alten Mannes. Ich wusste, wenn ich dort auf der Klippe stehen und nach Süden blicken würde, konnte ich gar nicht weit entfernt die Wasserfälle sehen. Von hier unten aus konnte ich nichts sehen, aber ich hörte die Fälle lauter rauschen, und mein Herz pumpte stärker und meine Zähne klapperten vor Kälte.

In dem Becken unterhalb der Fälle fanden sich immer tote Tiere. Die brutalen Smoky Falls überlebte niemand.

Vor mir sah ich die ersten Stromschnellen. Ich trat stärker und stieß meine tauben Beine heftiger von mir, um den Rand zu erreichen. Meine starren Hände waren kaum von Nutzen.

Die Wände des Canyons rückten zusammen und zwangen den Fluss, schneller und schneller zu fließen. Dann sah ich es: Direkt vor den Stromschnellen hatten Wasser und Zeit eine Bucht in der glatten Felswand ausgehöhlt. Sie war meine letzte Chance.

Ich zwang mich, mit den Händen zu paddeln wie ein Hund. Plötzlich stieß und zerrte nichts mehr, brachte mich nichts mehr von meinem Kurs ab, das Wasser plätscherte nur noch um mich herum. Ich spürte die Steine und Felsen unter meinen tauben Füßen nicht, aber ich wusste, dass sie da waren, denn als ich aufhörte zu strampeln, ging ich nicht unter. Meine müden Beine schoben mich voran, bis ich auf Händen und Knien kriechen und gleichzeitig den Kopf über Wasser halten konnte.

Langsam zog ich mich aus dem eisigen Wasser. Dann brach ich zusammen. Jeder Teil meines Körpers tat weh. Ich war zu kaputt um nachzusehen, ob ich blutete oder Knochen gebrochen hätte. Ich konnte mich kaum regen. Ich hatte Mühe genug zu atmen.

Ich rollte mich auf der Seite zusammen. Die Luft war wärmer als der eisige Smoky und meine Hände begannen schmerzend zu brennen.

Ich weiß nicht, wie lange ich da gelegen habe, aber als ich aufwachte, glaubte ich zu ertrinken. Doch es war nur das Unwetter, das mich in Regen ertränkte, nicht der Fluss.

Ich kroch höher hinauf in die Bucht, wo hohe Gräser und kleine Bäume sich an den felsigen Boden geklammert hatten. Kaum ein Wind erreichte diese geschützte Stelle, deshalb strömte der Regen senkrecht herab, als wollte er durchschlagen bis zur anderen Seite der Erde. Ich hörte nichts als den hämmernden Regen und das ständige Brüllen der Wasserfälle im Hintergrund.

Ich untersuchte Arme und Beine auf blutende Stellen. Am rechten Ellbogen fand ich eine Wunde, aber das Blut tröpfelte nur langsam; es war mehr ein Kratzer, weil der Felsen erst durch Pullover und Flanellhemd hatte schneiden müssen. Am Oberschenkel war ein Bluterguss, den konnte ich unter den Jeans fühlen. Er tat weh, wenn ich ihn berührte, also unterließ ich es. Ich war sicher, dass ich einen großen lila Fleck finden würde, wenn ich ihn später ansah.

Ich wusste nicht, dass ich nicht allein war, bis ich direkt hinter mir lautes Schnauben hörte. Ich fuhr herum, mein Herz setzte einen Schlag aus.

Der Geisterhengst starrte mich an.

Nur unscharf konnte ich durch den Regen seine Stuten hinter ihm sehen, mit gesenkten Köpfen. Der Hengst scharrte mit den Hufen und warf den Kopf zurück. Langsam stand ich auf und streckte eine Hand aus; meine Prellungen und meine Schmerzen hatte ich vergessen. Näher und näher. Seine Nüstern bebten. Dann schlug er mit dem Schweif, wandte sich ab und tänzelte fort, bevor ich auch nur seine Tasthaare gespürt hatte.

Ich lachte, teils aus Angst, teils vor Freude. Wildpferde können einen zu Tode trampeln, wenn sie Lust haben, und dieser Hengst war ein *Outlaw*, ein Gesetzloser. Ich war nicht sicher so in seiner Nähe und doch wollte ich nirgendwo anders sein.

Ich setzte mich wieder hin und beobachtete den Geisterhengst. Er trieb seine Stuten dicht zusammen und stand dann, etwas entfernt, allein. Aber er war frei. Ihm war kein Brandmal in die Flanken gedrückt. Kein Zaumzeug hatte ihm kahle Stellen ins Gesicht gerieben. Kein Sattel hatte Wunden und Schwielen hinterlassen. Dafür liefen ihm Narben kreuz und quer über Brust und Beine, vielleicht von Stacheldrahtzäunen. Ein klaffender Schnitt auf seiner rechten Schulter heilte gerade erst. Narben der Freiheit.

Ich griff mir an den Hals, um das Medaillon zu berühren. Aber ich hatte nur einen nassen Pullover in der Hand. Ich sah hinab, tastete durch meine Kleider, langte unter mein Hemd und fuhr mir mit den Fingern durch die Haare. Es war fort. Das silberne Herz meiner Mutter. Die Haarlocke meines Vaters.

Ich drückte beide Hände an die Brust und fühlte, wie mein Herz schlug. Ohne das Medaillon hatte ich keinen Nachweis darüber, wer ich war. Ich hatte kein Ich.

Ich hockte mich unter einen Baum, versuchte mich gegen den Regen zu schützen und hoffte, dass das Gewitter oben in den Bergen bleiben und meinen kleinen Schlupfwinkel nicht erreichen würde. Der Hengst beobachtete mich die ganze Zeit, aber er wirkte nicht nervös.

Der Rest des Tages blieb dunkel, wegen des Unwetters und der hohen Wände des Canyons um uns herum. Ich drückte mich an den Stamm des Baums und fragte mich, wie der Geisterhengst und seine Stuten hier heruntergekommen waren. Ich konnte nicht genug sehen, um einen Pfad in den steilen Felswänden zu entdecken. Bis das Gewitter vorbei war, musste ich sowieso bleiben.

Mit hochgezogenen Knien beobachtete ich den Geisterhengst; ich konnte kaum glauben, dass ich ihn so aus der Nähe sah. Stolz stand er da, sogar im strömenden Regen. Alle seine Stuten hatten den Kopf gesenkt, er hatte seinen erhoben. Es war klar, dass er nie gezähmt worden war.

Ich dachte an das silberne Herz, das ich im Fluss verloren hatte. Für immer. Sobald ich hier heraus war, musste ich den Fremden aufsuchen und meine Fragen stellen. Ich würde ihn einfach fragen, wer er war und was er hier wollte. Ich würde nicht aufgeben, ehe ich die ganze Wahrheit wusste.

Aber im Augenblick gab es nur mich und den Hengst. Er sah gespenstisch aus, wie er da in Regen und Nebel stand. Ich hätte ihn nur immer ansehen mögen, aber bald war es zu dunkel, überhaupt etwas zu sehen. Eigentlich hätte ich Angst haben müssen, so allein hier draußen in der Nacht, aber zu wissen, dass der Hengst nahe war, gab mir irgendwie ein Gefühl von Sicherheit.

Der Kopf sank mir auf die Knie, als ich die Augen nicht mehr offen halten konnte. Der Regen war jetzt nur noch Nebel. Ich zitterte und hustete. Wenigstens war die Luft nicht kalt, wie ich es erwartet hatte, deshalb ging es mir nicht allzu schlecht, als ich auf dem harten Boden voller Kiesel und Äste einschlief.

Mitten in der Nacht wachte ich einmal auf. Ich konnte nichts sehen, weil die Wolken immer noch schwer am Himmel hingen und den Mond verbargen, aber ich spürte, dass der Geisterhengst über mir stand, als wäre ich eins seiner Fohlen.

Am Morgen sah der Himmel immer noch finster aus, aber es regnete nicht mehr. Die Stuten waren bereit zum Aufbruch, stampften auf den Boden und bewegten sich unruhig. Ich erkannte sieben von Pas Pferden. Bessy, die zu denen gehörte, die gerade erst gestohlen worden waren, wieherte, als ich ihren Namen sagte.

Steif stand ich auf; ich spürte all die blauen Flecken und Kratzer, die ich nicht sehen konnte. Ein Hustenanfall schüttelte mich und wollte nicht aufhören. Ich beugte mich etwas vor und versuchte ohne Hustenstöße zu atmen. Der Hengst trat ein paar Schritte zurück, beobachtete mich und sog die Luft ein. Als ich schließlich aufhörte zu husten, hielt ich Bessy die Hand hin. Sie schob sich näher und blies mir in die Handfläche, rieb ihre Nase an meiner Haut, als erwartete sie einen Leckerbissen.

»Ja doch, meine Alte«, sagte ich leise. Als ich mit der Hand zu ihren Ohren hinauffuhr, kam mir ein Gedanke. Ich berührte sie nur leicht, bis sie sich gegen meine Hand presste, um stärker gekrault zu werden. Ich lachte, aber nicht laut. Ich wollte nicht wieder zu husten anfangen.

Ich kraulte sie weiter, ließ meine Hand an ihrem Hals rauf- und runtergleiten, zog an ihrer Mähne. Sie sprang nicht weg.

Ich holte vorsichtig Luft, griff mit beiden Händen in die Mähne und zog mich auf ihren Rücken. Sie trat einen Schritt zur Seite wegen des Gewichts, aber das war alles.

»Gutes Mädchen«, murmelte ich und schaute auf

den Hengst. Er sah nicht so aus, als wollte er mich angreifen und mich von seiner neuen Stute schlagen – er schnaubte nur und wandte sich ab. Sein Schnauben erinnerte mich an Pa und ich fragte mich, was Pa wohl machte. Ob er nach mir suchte? War er nach Hause geritten, um eine Suchmannschaft zusammenzustellen, in der Annahme, dass ich im Fluss ertrunken wäre? Oder war er immer noch hinter dem Teufelspferd her?

Der Hengst lief voran zum Ende der Bucht, hinter einen großen Felsen, der vor langer Zeit bei einem Unwetter von der Klippe gebrochen sein musste. Seine Stuten folgten ihm eine nach der anderen. Dann sah ich den Pfad. Er war ziemlich ausgetreten, schmal und sehr steil. Ich war froh, dass es hinaufging, nicht hinab.

Ich spürte, wie Bessys Muskeln bei der Kletterei arbeiteten. Nur einmal rutschte ihr ein Fuß weg. Mir zog sich alles zusammen, während ich auf den Sturz wartete. Aber Bessy fing sich wieder und bald waren wir oben.

Sobald wir über die Kante kamen, fiel Bessy in Trab, um die anderen einzuholen. Mir war, als müssten mir die Knochen zerbrechen nach meiner wilden Tour den Smoky River hinab, aber dann biss ich die Zähne zusammen und hielt mich fest.

Der Geisterhengst lief voran, am Kamm entlang, der von Smokys Canyon und den Bergen zur Ebene hinabführte. Als wollte er mich nach Hause bringen.

Ich lag flach über Bessys Hals, klammerte mich mit den Beinen fest und krallte mich mit den Händen in die Mähne. Bessy war reinblütig und ein gutes Rennpferd. Als wir vom Kamm abwärts in Richtung Ebene liefen, fiel sie in Galopp. Sie behielt die Geschwindigkeit bei, überholte die anderen, bis sie den Geisterhengst erreicht hatte. Er selbst hätte noch beschleunigen und uns weit hinter sich lassen können, aber er ließ uns herankommen, bis die Tiere nebeneinander liefen.

Ich konnte nichts gegen das Klopfen meines Herzens tun und nichts dagegen, dass ich lächelte, bis ich mich fast am Wind verschluckte. Noch nie hatte ich solche Freiheit gespürt wie jetzt, als ich mit dem Geisterhengst neben mir dahinjagte. So wünschte ich mir mein Leben: frei zu gehen, wohin ich wollte, mich von nichts zurückhalten lassen.

Wir jagten dahin. Das Land hob und senkte sich mit flachen Tälern und sanften Höhen. Wir erklommen einen Hügel und stürzten uns auf der anderen Seite hinab um den nächsten wieder zu erklimmen, und ich ließ eine Spur von Lachen zurück.

Weiter und weiter galoppierten wir und Schweiß ließ Bessys Haut dunkler glänzen, während der Geisterhengst aussah, als könnte er tagelang laufen, ohne langsamer zu werden. Wir näherten uns eben einer Berghöhe, als die Welt aus den Fugen geriet.

Pa und der Fremde griffen uns an. Sie mussten sich

hinter der Höhe versteckt haben und jetzt waren sie praktisch neben uns. Eine Sekunde lächelte ich, stolz, mit dem Geisterhengst gesehen zu werden, frei wie der Wind dahinjagend. Im nächsten Augenblick stürzte mein Herz bis tief in die Erde ab.

»Jieha!«, rief Pa seinem Pferd zu und ließ ein Lasso über seinem Kopf kreisen. Wir waren in eine Falle geraten. Pa hatte uns kommen sehen, aber wir hatten ihn nicht bemerkt.

Pa warf sein Lasso und erwischte den Hengst glatt und fest. Das andere Ende des Lassos war um seinen Sattelknauf geschlungen. Das Tier bäumte sich auf, schrie vor Zorn und versuchte die Angreifer mit schlagenden Hufen abzuwehren.

Ich zerrte an Bessys Mähne und schrie: »Ho, Bessy!« Sie hielt ruckartig. Ich flog durch die Luft und landete hart auf dem Hintern. Schmerz schoss mir den Rücken hinauf, ich bekam keine Luft mehr. Hufe stampften um mich herum. Die anderen Stuten hatten inzwischen aufgeholt; sie wollten bei dem Hengst bleiben, aber sie waren verwirrt und voller Angst.

Der Hengst schrie immer noch und zerrte an dem Seil, versuchte sich zu befreien, aber Pa hielt fest. Diesen Kampf wollte er nicht verlieren.

Der Hengst sah mich hilflos auf dem Boden liegen. Mit flammend roten Augen ging er auf mich los. Ich konnte mich nicht bewegen. Ich wusste, es war meine

Schuld, dass er gefangen wurde. Ich hatte ihn in diese Falle gelockt. Ich verdiente seinen Hass. Das zu erkennen brach mir das Herz.

Ich hörte Rufen, verstand aber die Worte nicht. Pa riss an dem Lasso, um ihn zurückzuhalten, aber der wilde Hengst zerrte voran, kam auf mich zu.

Dann langte ein starker Arm von oben herunter und hievte mich hoch. Bevor ich wusste, was los war, hielt mich der Fremde vor sich auf seinem Sattel im Arm und wir waren dem Hengst entkommen. Pa holte das Lasso ein und zog das Wildpferd herum.

Der Fremde sagte nichts. Brauchte er auch nicht. Er hatte mir das Leben gerettet. Und Pa hatte endlich, was er wollte.

Ü*ber meinen Kopf weg warf der Fremde sein* Lasso. Nun hielten er und Pa den Geisterhengst gemeinsam. Das Wildpferd hatte keine Chance.

Pa hielt den Hengst an straffer Leine und zerrte und zog daran, wenn der Hengst mit steifen Beinen nicht weiterwollte. Und so trieben Pa und der Fremde ihn für den Rest des Tages. Ich konnte nicht zusehen. Es war schlimm genug, dass ich die Wut und die Angst des Pferdes hören musste, sein Schnauben und Schreien und die Flüche, die Pa ausstieß. Der Fremde kämpfte schweigend.

Bei Einbruch der Dunkelheit wusste der Hengst, dass er den Kampf verloren hatte. Mir tat das Herz weh, aber ich konnte nichts für ihn tun. Noch nicht.

Wir ritten durch die Nacht; ich nickte zwischen Hustenanfällen ein, und wenn ich aufwachte, spürte ich, dass mich der Fremde sicher und warm im Arm hielt.

In der Morgendämmerung waren wir nicht mehr weit von zu Hause entfernt. Onkel Leroy kam uns entgegen, als wir gerade die Zäune der äußeren Weiden sehen konnten. Er ritt herbei und berichtete, dass Jacko genäht worden wäre und dass kein Fieber und keine Infektion eingesetzt hätten und dass Blue vor ein paar Stunden zurückgekommen wäre. Dann sah er mich an.

»Was ist mit dir passiert? Du siehst ja aus wie eine ertrunkene Ratte.«

Ich war zu müde und zu entmutigt um zurückzubeißen. Aber Pa sah ihn nur an und Onkel Leroy hielt den Mund. Ich sah, dass seine Schultern entspannt waren. Tantchen hatte ihn beruhigt; ich hatte gewusst, dass sie es schaffen würde. Aber es brauchte nicht viel, um ihn wieder aufzubringen.

»Und wann wollen Sie den Schweif abliefern?«, fragte der Fremde Pa.

Ich schauderte und kam mir dämlich vor, weil ich gehofft hatte, der Fremde würde vielleicht helfen, den Hengst zu retten, wie einer von diesen Helden in den Western-Romanen, die mir Ma früher vorgelesen hatte.

»Wir warten, bis es dunkel ist«, sagte Pa.

Ich ahnte warum. Pa wusste, dass er Unrecht tat, und er wollte nicht, dass ihn jemand dabei sah. Dinge, die man im Dunkeln tut, kommen einem eher unwirklich vor. Jedenfalls nahm ich an, dass Pa es so sah.

Als wir nach Hause kamen, ließ mich der Fremde herunter und half dann Pa und Onkel Leroy das Wildpferd in unseren stabilsten Pferch zu sperren. Noch immer bockte der Hengst und stieg und versuchte die Stangen des Tors auseinander zu nehmen.

Das Seil, mit dem Pa den Hengst hereingebracht hatte, hing über dem Zaun.

Das eine Ende war blutig und ich schaute das Pferd an und suchte nach Rot an seinem Hals, bis mir klar wurde, dass das Blut an Pas Ende der Leine war. Er musste sich die Hände blutig gescheuert haben, als er seine Beute einbrachte. Ich war froh über seine Schmerzen, über das Stechen und Brennen an seinen Handflächen. Er hatte es verdient mit dem, was er getan hatte. Mit dem, was er tun wollte, wenn die Sonne untergegangen war.

Nellie kam in einem zitronenfaltergelben Kleid herausgerannt, als sie uns hörte. »Oh Pa«, rief sie und klatschte in die Hände, »du hast das Teufelspferd gefangen!«

Pa fing sie auf und hob sie hoch. »Wir haben das Teufelspferd und unsere Stuten zurück und bekommen vom Knochen noch eine Belohnung!«

Nellie quietschte vor Vergnügen, als er sein bärtiges Gesicht an ihrem Hals rieb. Er lachte und wirbelte sie noch einmal herum, bevor er sie absetzte.

Die Stuten waren dem Hengst gefolgt und Pa und Leroy trieben sie jetzt in eine Weide, um Pas von Mr Semples Stuten trennen zu können.

Nellie tanzte herum und sang: »Das Teufelspferd, das Teufelspferd, wir haben unser Teufelspferd.« Sie griff nach meiner Hand und versuchte mich zu einem unserer Tänze zu bewegen, aber ich riss mich los.

Ich sah sie böse an. »Er ist kein Teufel, halt bloß den Mund!« Ich tat so, als sähe ich nicht, dass ihre Unterlippe zu zittern begann und dass ihr Tränen in die Augen stiegen bei meinen harschen Worten. Ein Teil von mir wollte sie umarmen und sagen, »Es tut mir Leid«, aber der gemeinere Teil von mir schloss mir das Herz so fest zu wie die Lippen.

Sie wandte sich an den Fremden, der in der Nähe stand, einen schwarzen Stiefel auf die unterste Gatterstange gestützt, den Hut in die Stirn gezogen.

»Er ist doch der Teufel, ja, Mister?« Sie zupfte an seinem Hemd, als er nicht sofort antwortete.

Ich wollte, dass er zugab, dass er kein Teufel war, sondern ein freier Geist, der wild sein musste und durfte und das Recht hatte, frei im Wind zu rennen. Aber er sagte nur: »Ich glaub, das tut nichts mehr zur Sache.« Dann begann er ein rosa Tuch aus Nellies Stiefel zu ziehen. »Nun sieh dir das an«, sagte er. »Was ist das denn?«

Nellie starrte verblüfft, als der Fremde mehr und mehr von dem langen Schal hervorzog. Endlich war er ganz heraus und er band ihn ihr um den Hals, als wäre sie ein verpacktes Geschenk. Sie strahlte ihn an, aber ich denke, er war das gewöhnt. Mit all seinen Kunststückchen bekam er vermutlich immer, was er wollte.

Ich schaute auf den Geisterhengst. Das Pferd sah mich an und ich entdeckte diesen Blick in seinen

Augen, wütend und wahnsinnig. Seine Nüstern blähten sich mit jedem seiner schweren Atemzüge. Er sah mich nicht mehr an, als wollte er mich retten. Sein Blick war jetzt bösartig, als wollte er töten.

»Es tut mir Leid«, sagte ich. Von all der Husterei war meine Stimme rau. Die Hitze klopfte in meinem Kopf.

»Was tut dir Leid?«, fragte Nellie und kletterte auf eine der unteren Stangen, damit sie in den kleinen Pferch schauen konnte.

»Mir tut alles Leid.«

»Sprichst du mit dem Pferd?«

Das fragte ich mich auch. Mit wem sprach ich? Ich sah über Nellies Kopf hinweg auf den Fremden. Sein Kopf war mir zugewandt, aber ich wusste nicht, ob er auf mich, auf Nellie oder auf die Berge in der Ferne sah.

Nellie kletterte auf die oberste Stange. Auf der anderen Seite stampfte und scharrte der Hengst mit den Hufen. »Sieh doch mal«, sagte sie. »Er mag mich.« Sie streckte die Hand aus. »Komm, Teufelspferd, komm«, lockte sie.

»Lass ihn in Ruhe«, warnte ich. Zu spät.

Der Hengst stieg. Nellie schrie, verlor das Gleichgewicht und stürzte vornüber. Sie fiel auf eine der unteren Stangen, rutschte aber ab und lag jetzt auf der Seite.

Der Geisterhengst ging auf sie los.

Mein Herz explodierte. Im nächsten Augenblick war ich im Pferch, hockte neben Nellie. Ich hatte die Arme erhoben und schwenkte sie auf und ab. »Ho!«, schrie ich, doch er zögerte keinen Augenblick, kam einfach näher, aber diesmal kam er auf mich zu.

»Raus hier!«, schrie ich und hoffte, Nellie wusste, dass ich sie meinte. Umdrehen zu ihr konnte ich mich nicht.

Ich wartete, dass die zermalmende Kraft des Hengstes meinen Kopf und meine Schultern träfe. Plötzlich schnalzte eine Peitsche und biss in den Hals des Wildpferdes. Es wirbelte herum um zu sehen, woher dieser Angriff gekommen war. Ein Arm griff um meine Taille und warf mich über das Tor. Ich stürzte auf der anderen Seite zu Boden, mehr auf die Schulter als sonst was. Schmerzen schossen mir den Rücken entlang bis ins Genick.

»Was zum Teufel machst du bloß, Mädchen?«, rief Pa und sprang neben mir vom Tor herunter. »Denkst du, du könntest ihn zähmen?« Er packte mich am Arm und zog mich auf die Füße. »Das Pferd würde dich töten, ohne dich auch nur anzusehen! Ich hab nicht die ganze Nacht nach dir gesucht, nur damit du dich hier zu Tode trampeln lässt!«

Er holte tief Luft, als wollte er noch mehr sagen, dann schüttelte er mich nur noch einmal und ließ mich los. Er wandte sich um und sah Nellie weinend in den Armen des Fremden. Pa warf die Peitsche weg und sprang vor und nahm Nellie in seine eigenen Arme. »Lassen

Sie sie in Ruhe«, brüllte er den Fremden an. »Das hier ist meine Tochter. Lassen Sie die Finger von ihr, klar?« Er drückte Nellie fest an sich und lief mit ihr ins Haus.

Es war, als wäre uns allen die Luft ausgegangen. Onkel Leroy, der die ganze Geschichte beobachtet hatte, schüttelte nur den Kopf, bevor er im Stall verschwand. Nur der Fremde und ich blieben. Ich starrte ihn an, er starrte den Geisterhengst an.

»Du hättest ihm sagen sollen, was passiert ist«, sagte er. »Dass du deine Schwester retten wolltest.«

»Er hätte gar nicht zugehört«, murmelte ich.

Der Fremde führte sein Pferd zum Trog, um es zu füttern und zu tränken. Ich folgte ihm und sah mich um. Wir waren allein. Darauf hatte ich gewartet.

Ich holte tief Luft. »Wer sind Sie?«

Er sah nicht einmal auf.

Ich versuchte es noch einmal. »Warum sind Sie hergekommen?«

Er sagte noch immer nichts.

»Kann ich wenigstens mitgehen, wenn Sie fortreiten?«, fragte ich.

»Und Nellie und die Pferde verlassen?«, sagte er, als hätte ich die anderen Fragen nicht gestellt.

»Pferde gibt es anderswo auch. Und Nellie …« Meine Stimme verlor sich. »Ich würde sie besuchen.«

Der Fremde bückte sich, um seinem Pferd die Hufe

zu säubern. »Und was willst du tun, wenn du nicht mehr hier isst und schläfst?«

»Ich wäre frei.«

Der Fremde lachte kurz auf. »Frei wozu?«

»Frei wie Sie«, sagte ich und beugte mich vor. »Frei zu gehen, wohin ich will, zu tun, was ich will.«

Eine Weile sagte er nichts, fummelte nur Dreck und Steinchen aus dem Huf, den er zwischen den Knien hielt. Schließlich wischte er sich die Schweißtropfen aus dem Gesicht. »Ich glaube nicht, dass dein Pa das gern hätte.«

»Er ist nicht mein Pa.«

Da. Jetzt hatte ich es gesagt. Aber ich fühlte mich nicht freier. Meine Seele flog nicht himmelwärts, nur weil ich einmal laut die Wahrheit gesagt hatte.

»Komm rein, Mädchen«, rief Pa von der Veranda. Ich fuhr zusammen, als ich seine Stimme hörte.

In diesem Augenblick verstand ich mich selbst nicht mehr. Ich sagte mir, es wäre mir egal, ob Pa mich gehört hätte. Aber etwas in mir tat weh, mehr, als mir je etwas wehgetan hatte.

Ich warf noch einen Blick auf den Fremden, aber es schien, als hätte er mich gar nicht gehört. Langsam ging ich zum Haus. Ich sah, wie Mr Semples roter Lastwagen fortfuhr. Er musste hergekommen sein und mit Pa abgeschlossen haben; er wusste, dass er den Schweif des Hengstes bald bekommen würde.

In der Küche eilte Tantchen geschäftig hin und her. Für eine so massige Frau konnte sie sich ganz schön schnell bewegen.

Sie drehte sich zu mir um und warf die Arme hoch. »Du siehst ja schrecklich aus!«

Ihre laute Stimme drang in meine Ohren und ich zuckte zusammen. Mein ganzer Körper schmerzte, innen und außen, und plötzlich fühlte ich mich zu schwach, auch nur zu husten. Ich stand einfach nur da. Muss ausgesehen haben wie eine von meinen alten Lumpenpuppen, bei denen die Füllung hervorquoll, denn Tantchen zog mich an sich und erstickte mich fast mit ihrer Umarmung.

»Armer Liebling«, murmelte sie. Dann half sie mir hinauf in mein Zimmer, zog mir die immer noch feuchten Kleider aus und stopfte mich ins Bett.

Sie versprach mir heiße Suppe, als sie wieder hinaus- und hinunter in die Küche watschelte. Ich starrte zur Decke hinauf, zu müde mich zu bewegen, zu müde zu denken.

Später, als ich Schritte vor meiner Tür hörte, glaubte ich, es wäre Tantchen mit der Suppe. Aber sie war es nicht.

Pa stand in der Tür, mit gesenktem Kopf, den Hut in der Hand. Er hatte noch Stiefel an, daran sah ich, dass er nicht lange bleiben würde.

Er räusperte sich. »Wie geht es dir?«

»Ganz gut«, log ich. Meine Stimme klang dünn.

»Versuchst du zu schlafen?«, fragte er.

»Noch nicht.«

Er trat einen Schritt ins Zimmer, zum ersten Mal, soweit ich mich erinnern konnte. »Ich muss dir etwas sagen.«

Ich nickte, als wüsste ich, was er meinte.

Er räusperte sich wieder. »Es geht um deine Ma.«

Mir zog sich das Herz zusammen.

»Deine Ma hat mir das Versprechen abgenommen, dir nie zu sagen …« Er holte tief Luft. »Ich glaube nicht, dass es jetzt noch etwas ausmacht. Oder vielleicht macht es jetzt gerade etwas«, setzte er nach einer Pause hinzu.

»Was, Pa?«

Er zog den wackligen alten Stuhl heran, der in der Ecke stand, und setzte sich auf die Kante, die Ellbogen auf die Knie gestützt. Er hielt den Kopf noch immer gesenkt, sodass ich nur die Haare oben auf dem Kopf sah, angeklatscht von getrocknetem Schweiß.

»Es ist eine alte Geschichte«, begann er, »aber sie ist wahr und ich möchte, dass du sie hörst.« Er knetete seine Hutkrempe, während er sprach. »Ich hab deine Ma bei einem Rodeo kennen gelernt. Ich ritt für Mr Semple, bevor ich begann seine Pferde auszubilden. Deine Ma stand da auf der Tribüne und sah aus wie eine Rose, so schön neben all diesen knorzigen Cowboys.«

Ich nickte, als hätte ich diese Geschichte schon gehört. Aber in Wirklichkeit hatte Ma mir nie erzählt, wie sie Pa kennen gelernt hatte.

»Als ich gewonnen hatte, kam deine Ma zu mir herüber und begann mit mir zu reden. Ich wusste kaum, was ich sagen sollte. Ich merkte an der Art, wie sie sprach, dass sie gebildet war und aus der Stadt kam. Ich wusste nicht, was sie von mir wollte. – Wir unterhielten uns eine Weile. Meist sprach sie, aber offenbar mochte sie auch die Art, wie ich zuhörte. Du weißt ja, dass ich nicht sehr gesprächig bin.«

Das wusste ich und ich konnte kaum glauben, dass er jetzt so viel sprach und mir eine Geschichte erzählte, von der ich nicht sicher war, dass ich sie hören wollte.

»Sie sprach also und ich hörte zu und bevor ich wusste, was los war, fragte ich sie, ob sie mich heiraten würde, und sie sagte Ja.«

Ich muss in diesem Augenblick – mit offenem Mund – ganz schön bescheuert ausgesehen haben. »Du hast gar nicht um sie geworben? Du hast sie einfach gefragt, in dem Augenblick, in dem du ihr begegnet bist? Und sie hat gleich Ja gesagt?« Ich wusste, dass ich nur wiederholte, was er gerade gesagt hatte, aber ich konnte nicht anders.

Er nickte. »Und dann erzählte sie mir von dir.«

Mir stockte der Atem.

»Aber es machte für mich keinen Unterschied«, fuhr er schnell fort. »Ich sagte ihr, ich würde dich als mein Kind aufnehmen. Und, verdammt, ich hab's versucht.«

Mir war, als schwebten Pas Worte wie Ballons über meinen Kopf hinweg. Aber ich hatte nicht die Energie, sie zu packen, bevor sie entschwebten.

»Jedes Mal, wenn ich dich ansah, musste ich an *ihn* denken, ich konnte nicht anders. Vielleicht, wenn du mehr wie deine Ma ausgesehen hättest, hätte ich nicht so viel darüber nachgedacht und gewünscht …« Er fuhr sich mit der Hand durch die steifen Haare, dass sie wie Stacheln hochstanden. »Ich weiß, dass sie versucht hatte, ihm von dir zu berichten. Hatte Briefe geschrieben, sagte sie. Aber nach unserer Hochzeit ließ sie das.«

»Warum hat Ma mir nie davon erzählt?«, flüsterte ich.

Endlich sah er mich richtig an und seine Blicke

huschten nicht fort wie sonst meistens. »Sie schämte sich«, sagte er einfach.

»Aber in all den Jahren«, sagte ich und meine Stimme erstickte fast vor Zorn. »Ich hab mir immer Gedanken über meine dunklen Haare gemacht. Ma lachte nur nervös und sagte, Gott hätte meinen Kopf in Schlamm getaucht, damit ich nicht heller glänzte als er. – Aber ich habe es immer gewusst«, sagte ich nach einer Weile stillen Atmens. »Ich habe es immer gewusst.«

Pa zog etwas aus der Tasche und reichte es mir.

»Das hab ich dir vom Hals gerissen, als ich versuchte dich festzuhalten, als du in den Smoky fielst. Deine Ma würde vermutlich wollen, dass du es bekommst. Und alles andere auf dem Speicher auch.« Abrupt stand er auf. »Ich hab mich zu Tode erschrocken, als ich dich fast erschossen hätte. Warum hast du etwas so Verrücktes getan und bist mir so in die Quere geraten?«

»Ich wollte nicht, dass du den Geisterhengst erschießt«, sagte ich und betastete das Medaillon.

Pa schnaubte und wischte sich die Nase mit dem Handrücken. »Ich hätte dich erschießen können.« Er drückte seine Finger gegen die geschlossenen Augenlider und atmete tief durch. Als er mich wieder ansah, waren seine Augen rot.

»Bitte bring den Geisterhengst nicht um«, brach es aus mir heraus. Ich glaubte nicht, dass das etwas helfen würde, aber ich musste es sagen.

Einen Augenblick sagte Pa nichts. Dann schüttelte er den Kopf. »Solange er frei ist, sind meine Stuten in Gefahr und ohne meine Stuten habe ich keine Arbeit.«

Ich hatte gewusst, dass er seine Meinung nicht ändern würde, und ich war wütend auf mich selbst, weil ich es auch nur gehofft hatte.

Er ging zur Tür. »Evelyn hat gesagt, ich soll dich schlafen lassen.«

»Pa?«

Er hielt an, drehte sich aber nicht um.

»Warum hast du mir das von Ma erzählt?«

Er hatte mir noch immer den Rücken zugekehrt, als er antwortete: »Es ist Zeit, dass die Wahrheit herauskommt. Geheimnisse machen nur das Herz schwer und ich glaube, unsere Herzen sind schwer genug.«

Mit gesenktem Kopf verließ Pa das Zimmer.

Ich ließ das silberne Herz vor meinen Augen hin- und herschwingen und dachte über alles nach. Die Wahrheit, hatte er gesagt. Aber eins hatte er mir nicht gesagt, das, was ich vor allem wissen wollte. Ich schloss die Spange wieder, hakte sie ein, wo die Kette heil war, und ließ sie mir wieder über den Kopf gleiten. Ich fröstelte, als das kalte Metall einen Augenblick brauchte, warm zu werden.

Von draußen hörte ich das schrille Wiehern des Geisterhengstes. Ich hatte nur noch eine Chance, ihn zu befreien. Heute Nacht würde ich uns beide befreien.

Das laute Krachen eines Schusses klang durch meinen Traum. Erschrocken wachte ich auf. Vielleicht war es schon zu spät. Ich stolperte aus dem Bett, zuckte zusammen wegen meiner steifen Schulter und zog ein paar Sachen an.

Draußen drängten sich Wolken am Mond vorbei. Der Wind hob meine Haare vom Rücken und kühlte mir den fiebrigen Schweiß. Auf wackligen Beinen rannte ich zum Pferch; ich betete, dass der Geisterhengst noch lebte.

In meiner Eile lief ich fast in Pa rein, der auf dem Gatter saß.

»Was machst du hier draußen?«, fragte er mit barscher Stimme.

Ich schrak zurück; ich war mir nicht sicher, ob ich mich traute, mich ihm so direkt zu widersetzen. Das Fieber hatte mich schwach und müde gemacht, aber ich richtete mich umso gerader auf, erleichtert, den Geisterhengst noch lebend im Pferch zu sehen.

»Du solltest im Bett sein«, sagte Pa, »du bist noch krank.«

Ein Geräusch unterbrach uns; ein Gewehrhahn wurde gespannt. Wir drehten uns um und erblickten den Fremden.

»Zeit, dass ich weiterreite«, sagte der Fremde. »Aber erst will ich, was mir zusteht.«

Pa zögerte nicht. »Sie bekommen sie nicht«, sagte er heftig.

Stille hing in der Luft wie ein Rauchschleier. Mein Herz klopfte bei Pas Worten.

Der Fremde lachte kurz auf. »Sie haben mich missverstanden, Mister. Ich will nur meine Belohnung.«

»Nein!«, rief ich und schob mich an Pa vorbei. Ich packte den Arm des Fremden, der das Gewehr hielt. »Sie dürfen ihn nicht töten. Lassen Sie ihn frei, bitte!«

Der Fremde schüttelte meinen Arm ab. Als er das Gewehr wieder hob, warf ich mich auf ihn und versuchte ihn aus dem Gleichgewicht zu bringen. Aber er stieß mich beiseite und ich fiel auf meine schmerzende Schulter.

Pa fuhr hoch, wie ich es noch nie bei ihm gesehen hatte. Er sprang den Fremden an und beide stürzten zu Boden. Ich hatte Angst, das Gewehr könnte losgehen, aber Pa entriss es dem Fremden und schleuderte es weit von sich. Sie kämpften, bis ich Pa nicht mehr von dem Fremden unterscheiden konnte, so sehr waren sie ineinander verknäuelt, ein Gewirr aus Flüchen und Schnauben und Ächzen und Stöhnen.

Der Geisterhengst stieg auf die Hinterbeine und wieherte in seinem Pferch und stieß den Kopf auf und ab. Ich rannte zum Gattertor und hob die Stangen heraus. »Heeya!«, rief ich und scheuchte ihn. »Los, hau ab! Du musst frei sein!«

Das Pferd sprang in die Freiheit und rannte zwischen den Hürden und den Außenweiden fort. Das war meine Chance hinterherzulaufen und mir auch die Freiheit zu nehmen.

»He!«, rief der Fremde. Ich wirbelte herum. Er sprang auf, packte sein Gewehr und zielte, aber der Hengst war schon zu weit weg. Pa lag auf dem Boden, zusammengekrümmt wie ein Baby.

Der Fremde stieg auf sein Pferd und galoppierte hinter dem Geisterhengst her, das Gewehr hoch in der rechten Hand.

Ich kauerte mich neben Pa, der stöhnte. »Bist du okay?«

Er verkrampfte sich vor Schmerzen, dann keuchte er: »Los, geh, hol ihn!«

Ich wusste nicht, was er meinte. Hol den Hengst, damit er ihn töten konnte? Oder hol den Fremden aus irgendeinem Grund? Aber ich hatte meine eigenen Gründe.

Ich lief zum Stall und führte Rider heraus. Meine Beine waren schwach und wacklig. Ich packte seine Mähne und versuchte mich hinaufzuziehen. Brauchte drei Anläufe. Meine Arme zitterten von der Anstrengung. Endlich war ich oben und stieß ihn gleich in Galopp. Tief über seinen Hals gebeugt klemmte ich meine Knie an seine Seiten und krallte mich in seine Mähne. In den verstreuten Flecken von Mondlicht sah ich weit vor mir den Fremden, aber keinen Geisterhengst.

Das Donnern der Hufe hallte in mir, hämmerte im Takt mit meinem Herzschlag. Ich wusste, dass es gefährlich war, im Dunkeln so schnell zu reiten. Wenn Rider in ein Loch trat, würde er sich ein Bein brechen und eingeschläfert werden müssen. Und ich konnte mir das Genick brechen. Aber ich musste aufholen – ich konnte nicht anhalten oder auch nur langsamer reiten.

Vor mir ritt der Fremde im Kreis. Er hatte den Geisterhengst am Ende seines Lassos. Ich jagte heran, betete, dass er keine Chance hatte, das Pferd zu erschießen, bevor ich da war.

Das wilde Pferd bockte und warf sich herum und drehte sich wie ein Tornado.

Endlich war ich nahe genug, rutschte von Rider herunter und stolperte weiter. »Aufhören!«, schrie ich. »Sie müssen ihn laufen lassen!«

Der Fremde sagte nichts, sondern zerrte nur an dem Seil, legte es um seinen Sattelknopf, sodass er die Hände frei hatte zum Schießen.

»Nein!«, schrie ich. »Lassen Sie ihn laufen!« Ich lief näher und trommelte gegen sein Bein.

Der Fremde beachtete mich immer noch nicht. Er hob das Gewehr und zielte.

Ein Schuss erklang kalt und hart. Wie erstarrt wartete ich, dass der Geisterhengst in die Knie ging und zusammenbrach, aber stattdessen senkte der Fremde den Lauf seines Gewehrs, fuhr herum und blickte über meinen Kopf hinweg, und mir wurde klar, dass der Schuss aus einem anderen Gewehr gekommen war.

Pas Stimme kam stark und fest. »Lassen Sie den Hengst laufen.« Er zielte mit seinem Gewehr auf den Fremden.

»Pa!«, schrie ich.

»Was zum Teufel wollen Sie?«, fragte der Fremde. »Man hat mir hundert Dollar versprochen, damit ich dieses Pferd töte, und die will ich kassieren.«

Pa steckte die Hand in die Tasche und hielt ihm ein Bündel Scheine hin. »Hier ist Ihr Geld. Jetzt lassen Sie den Hengst frei, wie das Mädchen Sie gebeten hat.«

Der Fremde zögerte, dann zuckte er die Achseln, als wäre es ihm egal, ob der Geisterhengst am Leben blieb oder nicht – er wollte nur das Geld. Er lockerte das Lasso und schnippte es dem Pferd über den Kopf. Das Wildpferd jagte davon; im Mondlicht sah es geisterhafter aus als je zuvor.

Der Fremde kam näher und streckte die Hand nach dem Geld aus. Pa packte seinen Arm. »Kommen Sie nie wieder hier vorbei, verstanden?«

Der Fremde machte sich los und riss Pa das Geld aus der Hand. Er steckte die Scheine in eine seiner Taschen und schob den Hut ins Genick. Dann wandte er sich zu mir. »Willst du immer noch mit?«

Ich warf einen Blick auf Pa. Er saß steif im Sattel.

»Wohin gehen Sie?«, fragte ich den Fremden.

Er machte eine unbestimmte Bewegung zu den Bergen hin. »Irgendwohin«, sagte er.

Ich sah wieder zu Pa hinüber. Er saß nicht mehr aufrecht wie ein Soldat im Sattel, sondern zusammengesunken, mit gesenktem Kopf, und sah mich nicht an.

»Pa?«, sagte ich.

Langsam hob er den Kopf. »Geh nicht«, sagte er nur.

All der Zauber, die Träume und Wünsche der ganzen Welt bedeuteten mir nichts mehr. Ich drehte mich zu dem Fremden um und schüttelte den Kopf.

Er sah mich scharf an mit seinen schwarzen Augen. »Willst du wissen, wer ich bin?«

»Es spielt keine Rolle mehr«, sagte ich.

Der Fremde wendete sein Pferd und ritt davon; er sah nicht mehr zurück.

Pa stieg vom Pferd und trat einen Schritt auf mich zu. »Bist du sicher, dass es das ist, was du willst?«

Ich versuchte zu antworten, aber in meiner Kehle steckte ein dicker Kloß und dichter Regen fiel auf meine Wangen. Aber es regnete nicht. Mir wurde klar, dass es meine eigenen Tränen waren, die mein Gesicht so nass machten. Ich ließ sie laufen, einen Fluss von Trauer und Sehnsucht, die endlich ausgewaschen wurden. Tränen, die ich so lange zurückgehalten hatte. Tränen, die mir in der Nase und den Augen brannten. Echte Tränen.

»Mary Elizabeth«, sagte Pa und seine Stimme war rau, als hätte er die Worte allzu lange nicht gesagt und wüsste nicht, wie sie herauskommen würden.

Ich nickte. Nicht *Mädchen. Mary Elizabeth.* Mein Name. Mas Name.

»Glaubst du, dass Ma je wiederkommt?«, fragte ich ihn leise und schaute auf das silberne Medaillon an meinem Hals.

»Vielleicht«, sagte er, dann überlegte er eine ganze Weile. »Aber ich bezweifle es. Sie sucht nach etwas, das sie noch nicht gefunden hat.«

»Ich hab auch gesucht«, sagte ich.

»Wir suchen alle nach irgendwas, denke ich«, sagte Pa. »Aber nur wenige haben das Glück, es zu finden.«

»Sicher«, stimmte ich zu. Ich öffnete das Medaillon. Die schwarze Locke zitterte einen Moment, dann hob eine Brise sie an und nahm sie mit in die Nacht. Fort. Wie der Geisterhengst.

Zurück blieb ein silbernes Herz, das darauf wartete, mit etwas anderem gefüllt zu werden, einem neuen Traum, einem anderen Wunsch, einer besseren Hoffnung. Ich ließ es zuschnappen und unter mein Hemd gleiten.

Pa streckte die Arme aus und umarmte mich fest und es war, als wären wir ein Gespann von Pferden, die miteinander arbeiten und keine Worte mehr brauchen.

Der Ritter vom Silberhelm

Hanne Kvist

Der Junge mit dem Silberhelm

Ab 10

Die Liebe
zu seiner Schwester
treibt Jon in das
Abenteuer.

Ein großer, aber unverstandener Redner

Elvira Lindo

Manolito

Illustriert. Ab 10

Diesem Jungen geht nie der Gesprächsstoff aus, das ist notariell bewiesen!

KLOPP